本书出版得到以下项目资助:
北京世界城市循环经济体系(产业)协同创新中心项目
北京市知识管理研究基地项目

APPLICATION AND MANAGEMENT SIMULATION OF ERP

曲 立 陈元凤 / 编著

ERP 软件应用与管理模拟

社会科学文献出版社
SOCIAL SCIENCES ACADEMIC PRESS (CHINA)

前　言

　　将理论应用于实践一直是高等学校提高学生综合素质的目标。ERP 管理应用作为一种实用性教学手段在各高校得到了普及。本书特别强调学生素质和能力的培养，试图通过较完整的企业制造案例，运用直观的手段让学生了解企业的基本运营情况及主要业务流程，使学生在实践中提高综合解决问题的能力。本书将一个企业的运营和内部管理及人员分工情况整体地展现在学生面前，从产品项目结构数据、产品功能数据、物料清单等基础数据到生产计划、采购、销售管理、车间任务等数据，都由学生来定义完成，这样既能够使学生深入了解企业的运营情况，又能够让学生看到企业在市场上为生存而竞争的状况，对学生日后走出校园、走向社会具有一定的启示作用。

　　本书的最大特点是根据 ERP 理论并结合 ERP 软件的

操作步骤来编写，系统介绍了 ERP 的基本原理以及 ERP 管理软件的应用，并给出了完整的管理教学案例。本书所列的 ERP 管理过程完全符合 ERP 的基本原理，所有管理模拟案例均以机械制造业较常用的产品减速机为例，数据真实、合理。读者可以通过练习本书的操作，学习和领会现代企业先进的管理思想和管理理念。本书分为基础理论篇和操作实战篇，共 18 章。其中，基础理论篇包括第 1~6 章，是对 ERP 基本原理的介绍；操作实战篇包括第 7~18 章，是对 ERP 软件实战系统的介绍。全书由曲立（第 1~5 章、第 7~8 章、第 17~18 章）和陈元凤（第 6 章、第 9~16 章）编写。

　　本书是 ERP 管理模拟教学团队长期从事 ERP 软件应用与管理模拟教学的结晶。本书在编写过程中参考了大量文献资料，特别是利玛信息技术有限公司提供的培训资料，在此向相关作者一并表示感谢。同时，还要感谢北京信息科技大学刘宇教授的大力支持和硕士研究生孟磊同学的协助。由于 ERP 是一个非常复杂的系统，书中难免存在不妥之处，恳请广大读者批评指正（Email：quli@bistu.edu.cn）。

编　者
2016 年 12 月 8 日

目　录

基础理论篇

第 1 章　企业资源计划 ……………………………… 003
　　一　ERP 的产生 ……………………………………… 003
　　二　经济批量法 ……………………………………… 004
　　三　ERP 的发展阶段 ………………………………… 010

第 2 章　MRP 的工作逻辑 …………………………… 025
　　一　MRP 的输入信息 ………………………………… 026
　　二　MPS 的策略 ……………………………………… 030
　　三　MPS 的编制 ……………………………………… 031
　　四　MPS 的维护 ……………………………………… 032
　　五　库存状态信息 …………………………………… 032
　　六　产品结构信息 …………………………………… 034
　　七　MRP 的运算逻辑 ………………………………… 035

八　MRP 的重新生成和净改变 …………………………………… 039

第 3 章　MRP 参数的确定 ……………………………………… 044
　　一　时间参数 ………………………………………………… 044
　　二　批量 ……………………………………………………… 050
　　三　安全库存 ………………………………………………… 057

第 4 章　生产数据库 …………………………………………… 058
　　一　生产数据库的基础数据 ………………………………… 059
　　二　物料清单 ………………………………………………… 068

第 5 章　能力需求计划 ………………………………………… 075
　　一　能力需求计划的概念 …………………………………… 075
　　二　能力需求计划的制订方法 ……………………………… 076
　　三　能力需求计划的来源 …………………………………… 080
　　四　编制能力需求计划的步骤 ……………………………… 083

第 6 章　生产活动控制 ………………………………………… 089
　　一　作业排序 ………………………………………………… 089
　　二　确定工序优先级 ………………………………………… 091
　　三　任务下达 ………………………………………………… 094
　　四　信息反馈与生产控制 …………………………………… 094
　　五　作业排序的分类 ………………………………………… 096
　　六　常用的优先法则 ………………………………………… 097
　　七　作业排序的评价标准 …………………………………… 098

操作实战篇

第 7 章　ERP 系统的设计流程及数据定义 …… 103
　一　管理子系统操作步骤 …………………… 103
　二　制造数据管理子系统的设计流程 ……… 104

第 8 章　库存管理子系统的设计流程及数据定义 …… 112
　一　基础数据准备 …………………………… 113
　二　库存管理子系统的运行顺序 …………… 113
　三　基础数据定义 …………………………… 114
　四　库存查询 ………………………………… 117

第 9 章　物料供应管理子系统的设计流程及数据定义 …… 120
　一　基础数据准备 …………………………… 120
　二　物料供应管理子系统的运行顺序 ……… 121
　三　基础数据定义 …………………………… 121
　四　物料报价 ………………………………… 122
　五　合同信息 ………………………………… 123

第 10 章　销售管理子系统的设计流程及数据定义 …… 128
　一　基础数据准备 …………………………… 129
　二　销售管理子系统的运行顺序 …………… 129
　三　基础数据的维护 ………………………… 130
　四　运行参数维护 …………………………… 131

第 11 章　主生产计划子系统的设计流程及数据定义 …… 138
　　一　基础数据准备 ………………………………………… 138
　　二　主生产计划子系统的运行顺序 ……………………… 139
　　三　基础数据定义 ………………………………………… 139
　　四　数据维护 ……………………………………………… 140
　　五　主生产计划查询 ……………………………………… 141

第 12 章　物料需求计划子系统的设计流程 …………… 143
　　一　基础数据准备 ………………………………………… 144
　　二　物料需求计划子系统的运行顺序 …………………… 144
　　三　基础数据定义 ………………………………………… 145
　　四　独立需求维护 ………………………………………… 145

第 13 章　粗能力需求计划子系统的设计流程 ………… 146
　　一　基础数据准备 ………………………………………… 147
　　二　粗能力需求计划子系统的运行顺序 ………………… 147

第 14 章　细能力需求计划子系统的设计流程 ………… 148
　　一　基础数据准备 ………………………………………… 149
　　二　细能力需求计划子系统的运行顺序 ………………… 149

第 15 章　车间任务管理子系统的设计流程 …………… 152
　　一　基础数据准备 ………………………………………… 152
　　二　车间任务管理子系统的运行顺序 …………………… 153
　　三　数据处理权限定义 …………………………………… 153

第 16 章　车间作业管理子系统的设计流程 …………… 154
　　一　基础数据准备 ………………………………………… 154

二　车间作业管理子系统的运行顺序 …………………… 155
三　作业计划编制 ……………………………………… 156
四　车间派工单 ………………………………………… 156

第17章　ERP数据库数据的备份 …………………………… 157
一　ERP数据库SQLserver备份数据库操作 …………… 157
二　ERP数据库SQLserver还原数据库操作 …………… 159

第18章　ERP软件应用与管理模拟任务 …………………… 164
一　目的 ………………………………………………… 164
二　要求 ………………………………………………… 164
三　进度安排 …………………………………………… 165
四　基础数据的采集 …………………………………… 166
五　生产任务数据 ……………………………………… 168
六　库存系统维护 ……………………………………… 169
七　考核 ………………………………………………… 170

参考文献 ……………………………………………………… 171

Contents

Part I Basic Theory

Chapter 1 Enterprise Resources Planning   / 003

1. The Generation of ERP   / 003
2. Economic Order Quantity   / 004
3. The Development Stage of ERP   / 010

Chapter 2 Work Logic of MRP   / 025

1. Input Information of MRP   / 026
2. Strategy of MPS   / 030
3. Formulating of MPS   / 031
4. Maintaining of MPS   / 032
5. Inventory Status Information   / 032
6. Product Structure Information   / 034
7. Operational Logic of MRP   / 035
8. Regenerate and Net Change of MRP   / 039

Chapter 3   Determination of MRP Parameters   / 044
1. Time Parameter   / 044
2. Batch   / 050
3. Safety Stock   / 057

Chapter 4   Production Database   / 058
1. Basic Data of the Production Database   / 059
2. Bill of Material   / 068

Chapter 5   Capacity Requirements Planning   / 075
1. Concept of Capacity Requirements Planning   / 075
2. Methods of Making Capacity Requirements Planning   / 076
3. Source of Capacity Requirements Planning   / 080
4. Steps of Establishing Capacity Requirements Planning   / 083

Chapter 6   Production Activity Control   / 089
1. Job Sequencing   / 089
2. Process Priority   / 091
3. Task Assignment   / 094
4. Information Feedback and Production Control   / 094
5. Classification of Job Sequencing   / 096
6. Common Rule of Priority   / 097
7. Evaluation Standard of Job Sequencing   / 098

Part II   Actual Operation

Chapter 7   Design Process and Data Definition of ERP   / 103
1. Operation Steps of Management Subsystem   / 103

2. Design Process of Manufacturing Data Management Subsystem / 104

Chapter 8 Design Process and Data Definition of Inventory Management Subsystem / 112

1. Basic Data Preparation of Inventory Management Subsystem / 113
2. Operation Steps of Inventory Management Subsystem / 113
3. Basic Data Definition of Inventory Management Subsystem / 114
4. Inventory Information Query / 117

Chapter 9 Design Process and Data Definition of Material Supply Management Subsystem / 120

1. Basic Data Preparation of Material Supply Management Subsystem / 120
2. Operation Steps of Material Supply Management Subsystem / 121
3. Basic Data Definition of Material Supply Management Subsystem / 121
4. Material Quoted Price / 122
5. Contract Information / 123

Chapter 10 Design Process and Data Definition of Sales Management Subsystem / 128

1. Basic Data Preparation of Sales Management Subsystem / 129

2. Operation Steps of Sales Management Subsystem / 129
3. Basic Data Maintenance of Sales Management Subsystem / 130
4. Operation Parameters Maintenance of Sales Management Subsystem / 131

Chapter 11 Design Process and Data Definition of Plan and Schedule Subsystem / 138

1. Basic Data Preparation of Plan and Schedule Subsystem / 138
2. Operation Steps of Plan and Schedule Subsystem / 139
3. Basic Data Definition of Plan and Schedule Subsystem / 139
4. Data Maintenance of Plan and Schedule Subsystem / 140
5. MPS Query / 141

Chapter 12 Design Process of Material Requirements Planning Subsystem / 143

1. Basic Data Preparation of MRP / 144
2. Operation Steps of MRP / 144
3. Basic Data Definition of MRP / 145
4. Independent Demand Maintenance / 145

Chapter 13 Design Process of Rough-Cut Capacity Requirements Planning Subsystem / 146

1. Basic Data Preparation of Rough-Cut Capacity Requirements Planning Subsystem / 147

2. Operation Steps of Rough-Cut Capacity Requirements Planning Subsystem / 147

Chapter 14 Design Process of Capacity Requirements Planning Subsystem / 148

1. Basic Data Preparation of Capacity Requirements Planning Subsystem / 149
2. Operation Steps of Capacity Requirements Planning Subsystem / 149

Chapter 15 Design Process of Workshop Task Management Subsystem / 152

1. Basic Data Preparation of Workshop Task Management Subsystem / 152
2. Operation Steps of Workshop Task Management Subsystem / 153
3. The Definition of Data Processing Permissions / 153

Chapter 16 Design Process of Workshop Job Management Subsystem / 154

1. Basic Data Preparation of Workshop Job Management Subsystem / 154
2. Operation Steps of Workshop Job Management Subsystem / 155
3. Schedule Arrangement / 156
4. Workshop Dispatch List / 156

Chapter 17　Backup of ERP Database Data　／157

1. Backup Database Operations of ERP Database Date SQL　／157
2. Restore Database Operations of ERP Database Date SQL　／159

Chapter 18　ERP Software Applications and Management Simulation Task　／164

1. Objective　／164
2. Assignment　／164
3. Schedule　／165
4. Basic Data Acquisition　／166
5. Production Task Data　／168
6. Inventory System Maintenance　／169
7. Assessment　／170

References　／171

基础理论篇

第1章 企业资源计划

一 ERP 的产生

20 世纪 30 年代,制造业为了打破"发出订单,然后催办"的计划管理方法,设置了安全库存量,为需求与订货提前提供缓冲。20 世纪 60 年代,企业的管理者们已经清楚地认识到,企业真正需要的是有效的订单交货日期,因而产生了对物料清单进行管理与利用的方法,形成了物料需求计划(Material Requirement Planning,MRP)。20 世纪 70 年代,企业的管理者们又认识到制造业要有一个集成的计划,以解决阻碍生产的各种问题。要以生产与库存控制的集成方法来解决问题,而不是以库存来弥补或以缓冲时间的方法去补偿,于是,制造资源计划(Manufacturing Resource Planning,MRP Ⅱ)产生了。20 世纪 90 年代以来,随着科学技术的进步及其不断向生产与库存控制方面的渗透,解决合理库存与生产控制问题所需处理的大量信息和企业资源管理的复杂化,要求信息处理的效率更高。传统的人工管理方式难以适应以上系统,只能依靠计算机系统来实现。而且信息的集成度要求扩大到企业整个资源的利用和管理过程,因此产生了新一代的管理理论与计算机系统——企业资源计划(Enterprise Resoure Planning,ERP)。

ERP是当今国际上先进的企业管理模式,其主要思想是对企业所有的人、财、物、信息等资源进行综合平衡和优化管理,面向全球市场协调企业中的各个管理部门,以市场为导向开展各种业务活动,使企业在激烈的市场竞争中全方位地发挥自己的能力,从而取得良好的经济效益。

二 经济批量法

(一) 库存需求分类

库存需求按需求性质可分为独立需求和相关需求两类。

当一个存储项目的需求与其他存储项目无关,而是取决于市场或用户的需求时,称之为独立需求,如对最终产品、维修件、半成品销售件等的需求,这种需求一般是连续不断地出现的,所以也叫连续需求。由于随机因素的影响,需求量产生波动,所以独立需求必须采用预测的方法来确定,通过合理的处理得到平滑的、较均匀的、未来一段时间的连续需求量。对于独立需求项目,应当采用订货点法来处理,其特点是不确定性和随机性大。如对圆珠笔、餐桌的需求。

当一个存储项目的需求取决于另一个存储项目的需求时,称之为相关需求,包括纵向依赖关系和横向依赖关系,如对原材料、零部件等用来制造最终产品的项目的需求。相关需求不是随机出现的,通常它是在某个特定的时间,以批量需求的方式出现的,并不需要进行单个处理。由于这种上一级项目对下一级项目的需求是离散出现的,所以相关需求也称为离散需求。一般情况下,它是为满足某项订货需求而产生的。对于车间作业生产条件下的相关需求,应当用MRP的方法来处理。不应当用预测的方法来估计相关需求量,它只由上一级的需求量和需求时间派生出来。如对笔帽、笔芯、桌腿、桌面板的需求。

(二) 制造业中的需求

制造业中产品的生产过程是从原材料到产成品的一系列加工和装配过程。从库存系统的观点来看,制造过程是从成品到原材料的一系列订货过程。要装配产品,必须向前一生产阶段发出订货指令,这样前后相邻的生产阶段之间呈供需关系。在制造业中,绝大部分存储项目属于相关需求,只有最终产品和商品零部件属于独立需求。

(三) 订货点法

订货点 (Order Point, OP) 法是一种使库存量不得低于安全库存的库存补充方法。物料不断消耗,库存逐渐减少,当库存量降到某个数值,剩余库存量可供消耗的时间刚好等于订货所需要的时间 (订货提前期) 时,就要下达订单 (包括加工单和采购单) 来补充库存,此时的库存量称为订货点。

订货点法是20世纪初期产生、40~60年代得到广泛应用的一种库存计划和控制方法,即库存量不得低于安全库存的一种库存补充方法。

在产品销售比较稳定的情况下,订货点是一个固定值。当产品销售速度加快时,如果保持订货点不变,就会消耗安全库存。为了保持一定的安全库存,必须通过增加订货量来补充消耗了的安全库存。如果不增加订货量,又不消耗安全库存,就必须提高订货点,这样,订货点就不再是一个常数。因此,对需求量随时间变化的物料,由于订货点会随消耗速度的快慢而升降,因而无法设定一个固定的订货点。所以,订货点法只适用于稳定消耗的情况,如日用消费品生产。订货点法见图1-1。

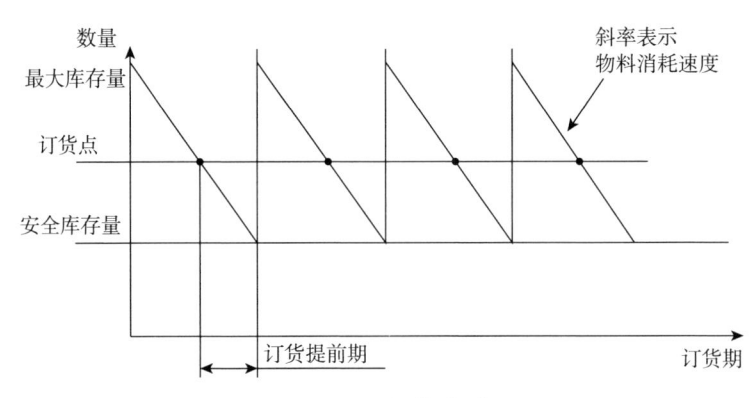

图 1-1 订货点法

订货点的计算公式为：

$$订货点 = 单位时间的需求量 \times 订货提前期 + 保险储备量$$

例 某项物料的需求量为每周 100 件，订货提前期为 6 周，若保持两周的安全库存量，则该物料的订货点计算如下：$100 \times 6 + 200 = 800$（件）。

当某项物料的现有库存和已发出的订货量之和低于订货点时，必须进行新的订货，以保持足够的库存量来支持新的需求。

（四）订货点法的库存控制

订货点法采用"库存补充"的控制机制，其内容包括以下几个方面。

（1）订货点法是为避免缺货的发生而提出的一种按过去经验预测未来物料需求的方法。

（2）这种方法有各种不同的形式，但其实质都是着眼于"库存补充"的原则。

（3）订货点法通过对库存补充周期内的需求量预测，并保留一定的安全库存储备，来确定订货点。

(4) 安全库存的设置是为了应对需求的波动。

(5) 一旦库存储备低于预先规定的数量,即订货点,则需要立即进行订货来补充库存。

库存补充机制见图 1-2。

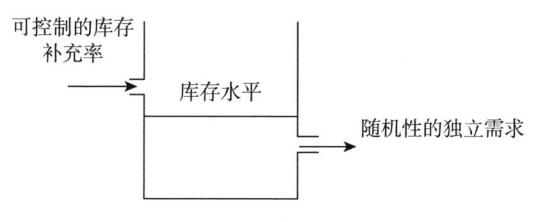

图 1-2 库存补充机制

为此,要保证用户随机需求的服务水平必须做到监控库存状态(何时需要补充库存)和设置库存量(每次补充到多少)。在生产过程中,库存补充的原则是保证任何时候仓库内都有一定数量的存货,以便需要时随时取用。当时人们希望用这种做法来弥补不能确定近期内准确的必要库存储备数量和需求时间所造成的缺陷。

(五) 订货点法的局限性

订货点法的假设包括以下几个方面。

(1) 对各种物料的需求是相互独立的。订货点法不考虑物料项目之间的关系,每项物料的订货点分别独立地加以确定。因此,订货点法是面向零件的,而不是面向产品的。但是,在制造业中有一个很重要的要求,那就是各项物料的数量必须配套,以便能装配成产品。由于对各项物料分别独立地进行预测和订货,因此会在装配时出现各项物料数量不匹配的情况。这样,虽然单项物料的供货率提高了,但总的供货率反而降低了。因为每项物料的预测不可能都很准确,所以累积起来的误差反映在总供货率上将是相当大的。例如,用 10 个零件装配成一件产品,每个零件的供货率都是90%,而总供货率却降到34.8%。一件产品由20个、30个甚至更多零件组成的情况是常有的。如果这些零件的库存量是根据订货点法分别确定的,那么,要想在总装配时不发生零件短缺,则只能是碰巧的事。

(2)物料需求是连续发生的。按照这种假定,必须认为需求相对均匀,库存消耗率稳定。而在制造业中,对产品零部件的需求恰恰是不均匀、不稳定的。库存消耗是间断的,这往往是由下道工序的批量要求引起的。即使对最终产品的需求是连续的,由于生产过程中的批量需求,对零部件和原材料的需求也是不连续的。需求不连续的现象提出了一个如何确定需求时间的问题。订货点法是根据以往的平均消耗情况来间接地确定需要时间,但是对于不连续的非独立需求来说,这种平均消耗率的概念是毫无意义的。事实上,一方面,采用订货点法的系统下达的订货时间常常偏早,在实际需求发生之前就有大批存货放在库房里造成积压。而另一方面,需求不均衡和库存管理模型本身的缺陷也会造成库存短缺。

(3)订货提前期是已知的和固定的。这是订货点法最重要的假设。但在现实中,情况并非如此。对一项指定了订货提前期为6周的物料,其实际的订货提前期可以在2~90天的范围内变化。把如此大的时间范围浓缩成一个数字,用来作为提前期的已知数,显然是不合理的。

(4)库存消耗之后,应重新添满。按照这个假定,当物料库存量低于订货点时,必须发出订货指令,重新添满库存。但如果需求是间断的,那么这样做不仅没有必要,而且不合理,因为很可能因此而造成库存积压。例如,某种产品在一年内可以得到客户的两次订货,那么制造此种产品所需的钢材则不必因库存量低于订货点而被立即添满。

（5）订货点法没有按照各种物料真正需要的时间来确定精确的订货日期，因此往往还会造成较多的库存积压。于是人们提出了这样的问题："怎样才能在准确的时间、准确的地点，以准确的数量得到真正需要的物料？"换句话说就是："库存管理怎样才能符合生产计划的要求？"

（6）"何时订货"是一个大问题。"何时订货"被认为是库存管理的一个大问题，这并不奇怪，因为库存管理正是订货并催货这一过程的自然产物。然而真正重要的问题却是"何时需要物料"。当这个问题解决以后，"何时订货"的问题也就迎刃而解了。订货点法通过触发订货点来确定订货时间，再通过订货提前期来确定需求日期，这其实是本末倒置的，从而促进了MRP的出现。

因此，可以得出以下结论：订货点法虽有一定的对物料库存的计划控制能力，但受其原理本身的影响，它的应用面窄，只适用于少数需求相对平稳的独立需求类型的企业。对于需求量随时间变化的物料，由于订货点会随消费速度的快慢而升降，因而无法设定一个固定的订货点。所以，订货点法只适用于稳定消耗的情况，如日用消费品生产。订货点法的不足之处是它没有按照各种物料真正需要的时间来确定精确的订货日期，因此往往还会造成较多的库存积压。

（六）订货点法应用的条件

订货点法应用的条件主要有：物料的消耗相对稳定；物料的供应比较稳定；物料的需求是独立的；物料的价格不是太高。订货点法的有效性取决于大规模生产环境下物料需求的连续稳定性，适用于成品或维修备件等相对独立的物料的库存管理。但顾客需求是不断变化的，产品及相关原材料的需求在数量和时间上往往是不稳定的和间歇性的,使得该方法的应用效果大打折扣。特别是在离散制造行业(如汽车、机电设备等行业),由于产品结构复杂,涉及数以千计的零部件和原材料,生产和库存管理的问题更加复杂,由此促进了 MRP 的诞生。

三 ERP 的发展阶段

ERP 发展至今经历了四个阶段,即物料需求计划(MRP)阶段、闭环物料需求计划(闭环 MRP)阶段、制造资源计划(MRP Ⅱ)阶段、企业资源计划(ERP)阶段。

(一)物料需求计划(MRP)阶段

订货点法的不足之处是它没有按照各种物料真正需要的时间来确定订货日期,不能反映物料的实际需求,往往为了满足生产需求而不断提高订货点的数量,从而造成较多的库存积压,使库存占用的资金大大增加,产品成本也随之提高,导致企业缺乏竞争力。

为了避免订货点法在处理需求计划上的不足,20 世纪 60 年代中期,美国 IBM 公司的约瑟夫·奥里奇博士(Dr. Joseph A. Orlicky)通过在管理实践中探索,提出了一种新的管理理论:物料需求计划理论。该理论把企业生产中涉及的所有产品、零部件、原材料、中间件等,在逻辑上统称为物料,再把企业生产所需的各种物料分为独立需求件和相关需求件。其中,独立需求件是指由市场(企业外部)决定其性能规格、需求量和需求时间的物料,这种物料的需求不是企业所能决定的;而相关需求件是指根据物料之间的结构组成关系,由出厂产品决定其需求量和需求时间的各种加工和采购物料,这种物料的需求是受独立需求件制约的。

1. MRP 管理模式与传统库存理论和方法的区别

（1）MRP 将企业产品中的各种物料需求分为独立需求和相关需求。

（2）MRP 引入了时间分段和反映产品结构的物料清单（Bill of Material，BOM），并按时间段确定不同时期的物料需求。

（3）MRP 通过产品结构将所有物料的需求联系起来，根据产品完工日期和产品结构制订生产计划，较好地解决了库存管理和生产控制中的难题，即按时按量得到所需要的物料。

MRP 的基本原理是：在已知主生产计划（Master Production Schedule，MPS，即根据客户订单结合市场预测制订出来的各产品的生产计划）的条件下，根据产品信息（包括物料清单和工艺路线等）以及库存状态等信息由计算机编制出各个时间段各种物料的加工及采购计划。因此，MRP 是一种根据需求和预测来测定未来物料供应、生产计划和控制的方法，MRP 提供了物料需求的准确时间和数量。

2. MRP 管理模式的运作基于以下三个前提假设

（1）MRP 系统的建立是在假定已经有主生产计划，并且主生产计划可行的前提下，对主生产计划所引发的物料需求进行有效管理。这就意味着在生产能力具备的情况下，有足够的设备和人力来保证生产计划的实现。已制订的主生产计划应该生产什么，属于 MRP 系统功能的管辖范围；而工厂的生产能力有多大、能生产什么，则属于制订主生产计划时考虑的范围，对此，MRP 系统就显得无能为力了。

（2）MRP 系统的建立是假设物料采购计划是可行的，即认为有足够的供货能力和运输能力来保证完成物料采购计划。而实际上，有些物料因市场紧俏、供货不足或者运输工作紧张而无法按时、按量满足物料采购计划，在这种情况下，MRP

系统的输出将只是设想而无法付诸实现。因此，用MRP方法计算出来的物料需求可能因设备工时不足而没有能力生产，或者因原料供应不足而无法生产。

（3）MRP系统的建立是认定生产执行机构是可胜任的，有足够的能力来满足主生产计划制定的目标，所以MRP系统没有涉及车间作业计划及作业分配问题。如果临时出现生产问题则由人工进行调整，因此也就不能保证作业的最佳顺序和设备的有效利用。

尽管MRP存在一些不足之处，但MRP根据产品结构特点和时间分段原理进行生产计划的管理，提供了足够准确的物料需求管理数据，产生了巨大的效益，以至于MRP Ⅱ/ERP管理模式的发展一直是以MRP为基础的扩充。MRP是MRP Ⅱ/ERP的核心。

综上所述，MRP同订货点法相比是一个质的进步，但还只是一种库存订货的计划方法，它只说明了需求的优先顺序，没有说明需求是否可以实现。

1975年，美国生产管理专家奥里奇针对订货点法的应用范围，提出了一系列对制造业库存管理有重要影响的新观点，包括：按需求特性可将库存需求分为独立需求与相关需求；对相关需求进行预测没有意义；相关需求的不连续性及不均衡性有悖于订货点法；应用计算机可以迅速计算；等等。

3. MRP针对订货点法的几项假设做了以下重要改进

（1）通过产品结构把所有物料的需求联系起来。考虑不同物料需求之间的相互匹配关系，从而使各种物料的库存在数量和时间上均趋于合理。

（2）把所有物料按需求性质区分为独立需求项目和非独立需求项目。如果某项物料的需求量不依赖于企业内其他物料的需求量而独立存在，则称为独立需求项目；如果某项物料的需求量可由企业内其他物料的需求量来确定，则称为非独立需求项目或相关需求项目。如企业中的原材料、零件、组件等都是非独立需求项目，而最终产品则是独立需求项目，独立需求项目有时也包括维修件、可选件和工厂自用件。独立需求项目的需求量和需求时间通常通过预测或由客户订单等外在因素来决定，而非独立需求项目的需求量和需求时间则由 MRP 系统来决定。

（3）对物料的库存状态数据引入了时间分段的概念。所谓时间分段，就是给物料的库存状态数据加上时间坐标，也就是按具体的日期或计划时区记录和存储库存状态数据，这样就可以准确地回答与时间有关的各种问题。

MRP 适用于相关需求的计划和控制，能够根据产品计划计算出的各零部件甚至原材料的相关需求设定 MRP 的出发点，以达到"在所需的时间和所需的地方，取得生产所需的物料，做到准确无误"的目的。

4. MRP 的基本任务

（1）从最终产品的生产计划（独立需求）导出相关物料（原材料、零部件等）的需求量和需求时间（相关需求）。

（2）根据物料的需求时间和生产（订货）周期来确定其开始生产（订货）的时间。

MRP 的基本内容是编制零部件的生产计划和采购计划。要正确编制零部件计划，首先必须落实产品的出产进度计划，用 MRP 的术语来说就是主生产计划，这是 MRP 展开的依据；其次，还需要知道产品的零部件结构，即物料清单，才能把主生产计划展开成零部件计划；最后，必须知道库存数量才能准确计算出零部件的生产（订货）数量。可见，MRP 的输入是主生产计划、物料清单和库存信息，输出是采购计划和生产作业计划。MRP 处理过程见图 1-3。

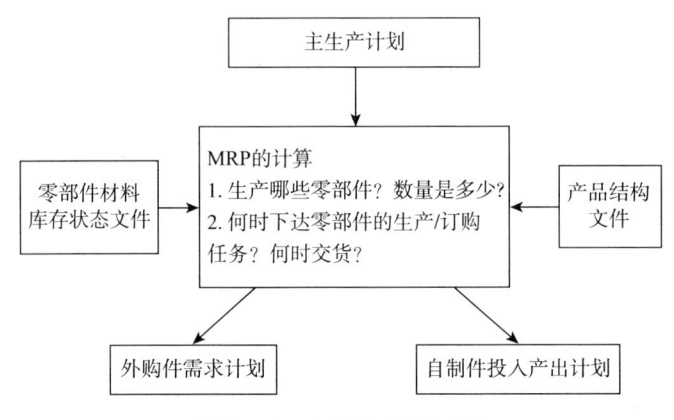

```
                    ┌──────────────┐
                    │   主生产计划   │
                    └──────┬───────┘
                           ↓
┌────────────┐      ┌──────────────────────────┐      ┌──────────┐
│ 零部件材料   │ →   │ MRP的计算                 │ ←    │ 产品结构  │
│ 库存状态文件 │      │ 1. 生产哪些零部件？数量是多少？│      │   文件    │
└────────────┘      │ 2. 何时下达零部件的生产/订购 │      └──────────┘
                    │    任务？何时交货？         │
                    └──────┬─────────────┬──────┘
                           ↓             ↓
                  ┌──────────────┐  ┌────────────────┐
                  │ 外购件需求计划 │  │ 自制件投入产出计划│
                  └──────────────┘  └────────────────┘
```

图 1-3　MRP 处理过程

MRP 的功能是计算相关物料需求的准确时间与数量。而 MRP 的主要缺陷是不能保证系统成功实施零部件生产计划，即缺乏信息反馈与控制功能。

（二）闭环物料需求计划（闭环 MRP）阶段

20 世纪 70 年代，MRP 经过发展形成了闭环的 MRP 生产计划与控制系统。MRP 的基本原理是，将企业产品中的各种物料分为独立物料和相关物料，并按时间段确定不同时期的物料需求；基于产品结构的物料需求组织生产，根据产品完工日期和产品结构制订生产计划，从而解决库存物料订货与组织生产问题。MRP 以物料为中心的组织生产模式体现了为顾客服务、按需定产的宗旨，计划统一且可行，并且借助计算机系统实现了对生产的闭环控制，比较经济和集约化。

MRP 只局限于物料需求方面，一般称为基本 MRP。物料需求计划仅仅是生产管理的一部分，要通过车间作业管理和采购作业管理来实现，同时还受到生产能力的约束，因此，只有基本 MRP 是很不够的。于是，在基本 MRP 的基础上，又提出了闭环 MRP 系统。所谓闭环，有两层意思：一是把生产能力计划、车间作业计划和采购作业计划纳入 MRP，形成一个封闭系统；二是在计划执行过程中，必须有来自车间、供应商和计划人员的反馈信息，利用这些反馈信息对计划进行调整平衡，从而使生产计划方面的各个子系统协调统一。其工作过程是一个"计划—实施—评价—反馈—计划"的过程。

在基本 MRP 的基础上，增加了能力需求，以及作业计划执行以后的信息反馈，以保证作业计划的可行性和对计划进行有效控制，从而形成一个闭环系统。闭环 MRP 体现了一个完整的计划与控制系统，它把需要与可能结合起来，或者说把需求与供给结合起来。

闭环 MRP 的新增功能包括以下几个方面。

（1）引入了粗能力需求计划及能力需求计划等模块进行生产能力计划平衡。

（2）若生产能力不能满足计划时，会根据生产能力调整计划。

（3）能够收集生产采购活动执行的结果，以及外界反馈的信息，并进行有效控制。

现对整个闭环 MRP 的工作流程进行概述。企业根据发展的需要和市场需求来制订生产规划，并根据生产规划制订主生产计划和粗能力需求计划（Rough-cut Capacity Planning，RC-CP）。该过程主要是针对少数关键工作中心的能力与负荷进行分析。如果通过了粗能力需求计划运算，验证主生产计划是可行的，方可进入物料需求计划层次，即根据主生产计划、库存信息、产品结构清单等信息来制订物料需求计划。物料需求计划需要通过能力需求计划（Capacity Requirements Planning，

CRP，为了与 RCCP 区分，有时也称为细能力需求计划）来验证，即由物料需求计划、所有物料的工艺路线（主要说明使用各个工作中心的时间段和小时数）和所使用的工作中心的平均可用能力生成对能力的需求计划，通过对各工作中心的能力平衡，调整物料需求计划。如果这个阶段无法平衡能力，还有可能要修改主生产计划；采购与车间作业按照平衡能力后的物料需求计划执行，并进行能力的控制，即输入输出控制，同时根据作业执行结果反馈到计划层。闭环 MRP 处理过程见图 1-4。

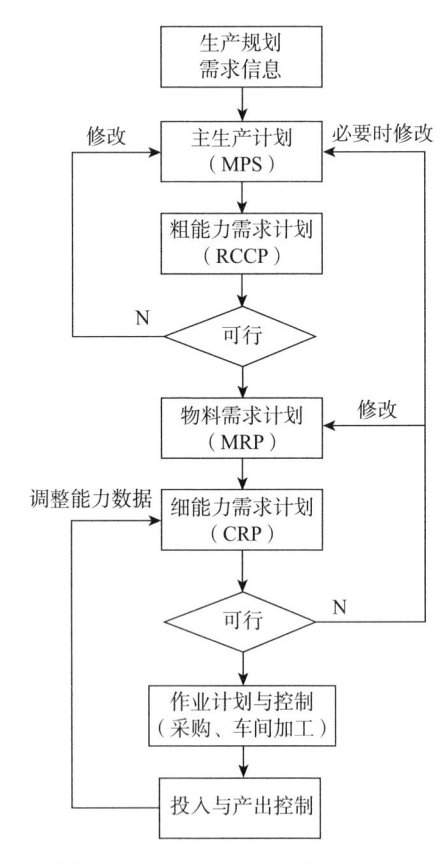

图 1-4 闭环 MRP 处理过程

因此，闭环 MRP 是一个集计划、执行、反馈于一体的综合性系统，它能对生产中的人力、机器和材料等资源进行计划与控制，从而使生产管理的应变能力增强。

（三）制造资源计划（MRP Ⅱ）阶段

20 世纪 70 年代末至 80 年代初，MRP 经过发展和扩充逐步形成了新的生产管理方式 MRP Ⅱ。在 MRP Ⅱ 中，一切制造资源，包括人工、物料、设备、能源、市场、资金、技术、空间、时间等，都被考虑进来。MRP Ⅱ 的基本思想是，基于企业经营目标制订生产计划，围绕物料转化组织制造资源，实现按需、按时生产。MRP Ⅱ 的主要技术环节涉及经营规划、销售与运作计划、生产计划、物料清单与物料需求计划、能力需求计划、车间作业管理、物料管理（库存管理与采购管理）、产品成本管理、财务管理等。从一定意义上讲，MRP Ⅱ 系统实现了物流、信息流与资金流在企业管理方面的集成。MRP Ⅱ 系统能够为企业生产经营提供一个完整而详尽的计划，可使企业内各部门的活动协调一致，形成一个整体，从而提高企业的整体效率和效益。

闭环 MRP 系统的出现，使生产活动方面的各个子系统得到了统一。但这还不够，因为在企业的管理中，生产管理只是其中一个方面，它所涉及的仅仅是物流，而与物流密切相关的还有资金流。这在许多企业中是由财会人员另行管理的，这就造成数据的重复录入与存储，甚至造成数据的不一致。于是，人们便产生了把生产、财务、销售、工程技术、采购等各个子系统集成为一个一体化系统的想法。1977 年，美国学者 Wight 首先倡议给予集成了资金流的 MRP 系统一个新的称号——制造资源计划，以表明它是物料需求计划的延续和发展。但为了同物料需求计划相区别而记为 MRP Ⅱ，可以说它是第二代

MRP。MRPⅡ并不是取代 MRP，而是以 MRP 为核心。

在闭环 MRP 的基础上进一步扩展，将经营、财务与生产管理子系统相结合，形成制造资源计划。其新功能及特点包括以下内容：生产作业与财务系统整合，可使用同一套数据同步处理各种管理事务；具有模拟功能；是整个企业的运作系统，企业各部门、人员都将根据它开展自己的业务。MRPⅡ 处理过程见图 1-5。

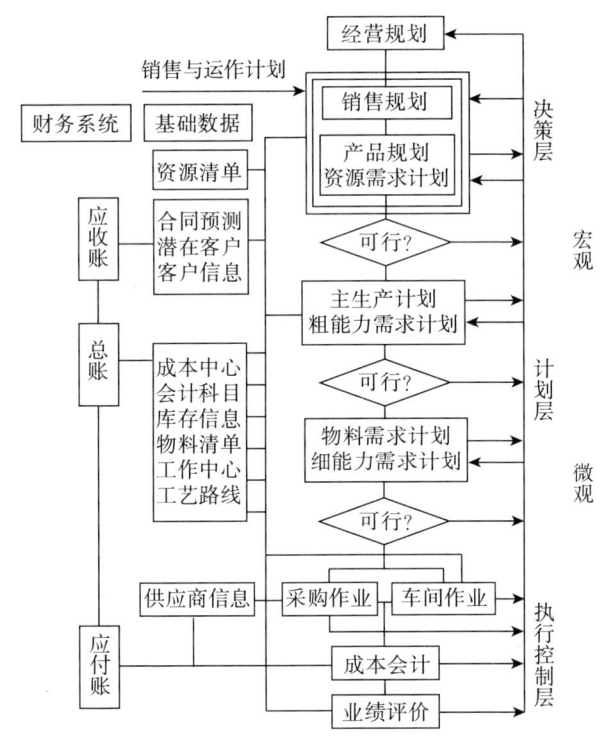

图 1-5 MRPⅡ处理过程

MRPⅡ通过以下两种方式将物流和资金流的信息集成起来。

（1）为每种物料定义标准成本和会计科目，建立物料和资金的静态关系。

（2）为说明物料位置、数量、价值及状态变化的各种事务处理情况，定义相关的会计科目和借贷关系，由系统自动建立凭证，并进行账务处理，说明物流和资金流的动态关系。

MRPⅡ与闭环 MRP 的区别如下。

（1）MRPⅡ把生产、财务、销售、工程技术、采购等各个子系统结合成一个一体化的系统，称为制造资源计划，英文缩写是 MRP，为了区别于基本 MRP 而记为 MRPⅡ。

（2）MRPⅡ由闭环 MRP 系统发展而来，在技术上，它与闭环 MRP 并没有太大的区别。但它包括了财务管理和模拟的能力，这就与闭环 MRP 有了本质意义上的区别。对于已经应用了闭环 MRP 系统的企业，实现 MRPⅡ则是一件工作量大、难度较高的工作。特别是对于管理基础比较差的企业来说，难度更大。但正是这类企业更有必要尽快实现 MRPⅡ，因为有了 MRPⅡ，才能迅速、准确、高效地对整个企业进行管理。

MRPⅡ自身具有以下特点。

（1）MRPⅡ把企业中的各个子系统有机地结合起来，形成一个面向整个企业的一体化的系统。其中，生产和财务两个子系统的关系尤为密切。

（2）MRPⅡ的所有数据来源于企业的中央数据库。各个子系统在统一的数据环境下工作。

（3）MRPⅡ具有模拟功能，能根据不同的决策方针模拟出各种未来将会发生的结果。因此，它也是企业高层领导的决策工具。

（4）数据共享性。MRPⅡ是一种管理信息系统，企业各部门都依据同一数据库提供的信息，按照规范化的处理程序进行管理和决策，数据信息是共享的。人工管理中那种信息不通、情况不明、盲目决策、相互矛盾的现象将得到改善。为了做到这一点，要求企业员工用严肃的态度对待数据，由专人负责维护，提高信息的透明度，保证数据的及时、准确和完整。

（5）动态应变性。MRP II 是一种闭环系统，它要求不断跟踪、控制和反映瞬息万变的实际情况，使管理人员能够随时根据企业内外环境条件的变化，提高应变能力，迅速做出响应，满足市场不断变化的需求，并保证生产计划正常进行。为了做到这一点，要求全体员工树立信息意识，及时准确地把变动了的情况输入系统。

（6）物流和资金流的统一。MRP II 包括产品成本和财务会计的功能，可以由生产活动直接生成财务数据，把实物形态的物料流动直接转换为价值形态的资金流动，保证生产和财务数据的一致性。财会人员及时得到资金信息以控制成本；通过资金流动状况反映物流和经营生产情况，随时分析企业的经济效益；参与决策、指导和控制生产经营活动。为了做到这一点，要求全体员工牢牢树立成本意识，把消除浪费和降低成本作为一项经常性的任务。

这些特点表明，MRP II 是一个完整的生产经营管理计划体系，是提高制造业企业整体效益的有效管理模式。

MRP II 在广泛应用的同时，随着管理需求和技术发展的变化，也表现出一些不足。

（1）需求量、提前期与加工能力是 MRP II 制订计划的主要依据。而在市场形势复杂多变、产品更新换代周期短的情况下，MRP II 对需求与能力的变更，特别是计划期内的变动适应性差，需要较大的库存量来适应需求与能力的波动。

（2）现有 MRP II 软件系统庞大而复杂的体系结构和集中式的管理模式，难以适应使用者对系统方便、灵活的要求和企业改革发展的需要。

（3）随着竞争的加剧以及用户对产品多样性和交货期的要求日趋苛刻，单靠"计划推动"式的管理难以适应。现在许多企业面临的主要问题并不在于准确而周到的计划。企业的库存水平与外部环境关系密切。大量企业并未从MRP Ⅱ中获得预期的效益。

（四）企业资源计划（ERP）阶段

20世纪90年代初，美国著名IT分析公司Gartner Group Inc.提出"企业资源计划"的概念。其基本思想是将企业的业务流程看作一个紧密连接的供应链（包括供应商、制造工厂、分销网络和客户等），将企业内部划分为几个相互协作的支持子系统（如财务、市场营销、生产制造、质量控制、服务维护、工程技术等），还包括对竞争对手的监控管理。20世纪90年代以来，MRP Ⅱ经过进一步发展完善，形成了目前的ERP系统。与MRP Ⅱ相比，ERP除了包括并强化了MRP Ⅱ的各种功能外，更加面向全球市场，功能更为强大，所管理的企业资源更多，支持混合式生产方式，管理覆盖面更广，并涉及企业供应链管理，从企业全局角度进行经营与生产，是制造企业的综合集成经营系统。ERP所采用的计算机技术也更加先进，形成了集成化的企业管理软件系统。

在处理技术发展的推动下，面向企业内部资源全面计划管理的MRP Ⅱ思想逐步发展为有效利用和管理整个供应链资源的管理思想，ERP也就随之产生。ERP同MRP Ⅱ的主要差别如下。

（1）资源管理范围方面的差别。MRP Ⅱ侧重于对企业内部人、财、物等资源的管理，ERP系统在MRP Ⅱ的基础上扩展了管理范围，它把客户需求和企业内部的制造活动以及供应商的制造资源整合在一起，形成一个完整的供应链，并对供应链上所有环节如订单、采购、库存、计划、生产制造、质量控制、运输、分销、服务与维护、财务、人事、实验室、项目、配方等进行有效管理。

（2）生产方式管理方面的差别。MRP Ⅱ 系统把企业划分为几种典型的生产方式进行管理，如重复制造、批量生产、按订单生产、按订单装配、按库存生产等，对每一种类型都有一套管理标准。20 世纪 90 年代后，为了适应市场变化，多品种、小批量生产以及看板式生产等成为企业采用的主要生产方式，实现了单一生产方式向混合型生产方式的转变。ERP 能够很好地支持和管理混合型制造环境，满足了企业的需求。

（3）管理功能方面的差别。ERP 除了具有 MRP Ⅱ 系统的制造、分销、财务管理功能外，还增加了整个供应链上物料流通体系中供、产、销各个环节之间的运输管理和仓库管理，生产保障体系中的质量管理、实验室管理、设备维修和备品备件管理，以及工作流（业务处理流程）管理等功能。

（4）事物处理控制方面的差别。MRP Ⅱ 是通过计划的及时滚动来控制整个生产过程的，它的实时性较差，一般只能实现事中控制。而 ERP 系统支持在线分析处理（Online Analytical Processing，OLAP）、售后服务及质量反馈，强调企业的事前控制能力。它可以将设计、制造、销售、运输等通过集成来并行地进行各种相关的作业，使企业能够对产品质量、客户满意度、企业绩效等关键问题进行实时分析。

（5）跨国经营事务处理方面的差别。ERP 系统可以满足跨国经营的多国家、多工厂、多语种、多币制应用需求。

此外，在 MRP Ⅱ 中，财务系统只是一个信息的归结者，其功能是将供、产、销中的数量信息转变为价值信息，是物流的价值反映。而 ERP 系统则将财务计划和价值控制功能集成到整个供应链上。ERP 处理过程见图 1-6。

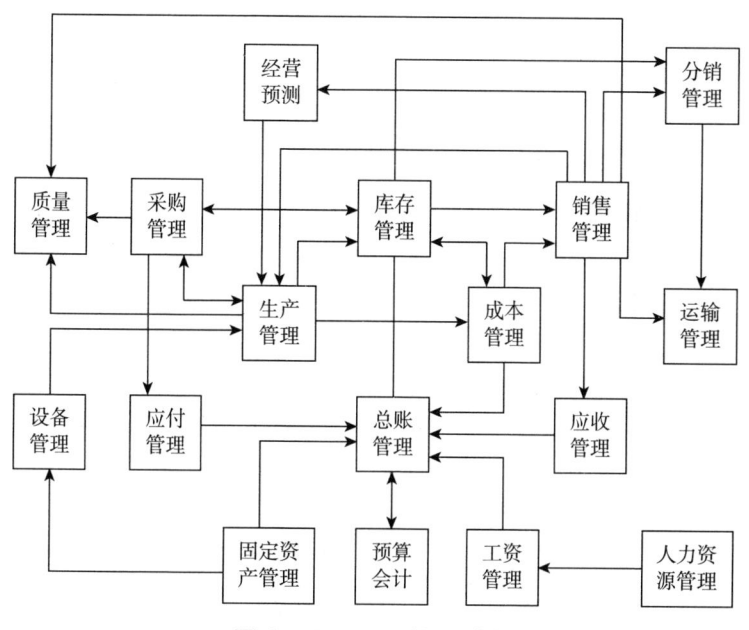

图 1-6　ERP 处理过程

ERP 自身的特性如下。

（1）提出供应链概念。

（2）能够很好地支持和管理多品种、小批量以及看板生产这种混合型制造环境。

（3）在 MRPⅡ 的基础上增加了运输管理、仓库管理，质量管理、实验室管理、设备维修和备品备件管理，以及工作流（业务处理流程）管理等功能。

（4）支持在线分析处理、售后服务及质量反馈，强调企业的事前控制能力。

（5）将财务计划功能和价值控制功能集成到整个供应链上。

（6）运用完善的组织架构，可以支持跨国经营。

（7）采用客户/服务器体系结构和分布式数据处理技术、电子商务、电子数据等，能实现在不同平台上的互相操作。

对于ERP今后的发展，需要注意以下几点：解决模式与软件系统相分离的问题；突破传统制造业，特别是要在客户服务和实现在线客户服务方面下功夫；构建知识管理体系；将业务流与工作流融合在一起；等等。

第 2 章　MRP 的工作逻辑

物料需求计划（MRP）是在产品结构的基础上，根据产品结构各层次物料的从属关系和数量关系，以每种物料为计划对象，以完工日期为时间基准排倒计时，按提前期长短区分各个物料下达计划时间的先后顺序而制订的计划。换句话说，要使计划做到所有物料在需用的时刻都能配备齐，而在不到需用的时刻又不会过多地积压，从而达到降低库存和减少占用资金的目的。

所谓产品结构，是指任何产品都可以按照从原料到成品的实际加工过程划分层次，建立上、下层物料的从属关系和数量关系。通常，上层物料称为母件，下层物料称为子件。母件同子件的关系是相对而言的，一种物料既是上层物料的子件，又是下层物料的母件。例如，电子挂钟由机芯、钟盘、钟框和电池组成，其中钟盘由各种指针和盘面组成，盘面又由盘体和印有数字的字膜组成，这样逐层分解，一直到底层所有的原材料或外购件。MRP 是一种"既要降低库存，又要不出现物料短缺"的计划方法。MRP 不仅要说明供需之间的品种和数量关系，而且要说明供需之间的时间关系；不仅要说明需用时间，而且要根据提前期说明下达计划的时间。要做到这一点，必须以物料为对象，划细时间段（选取周或天，而不是月），区分需求和供给的优先顺序。

MRP 是 MRP Ⅱ 的核心，也是系统实施的难点及系统成功的关键。MRP 的目标包括以下几个方面：保证按时供应用户所需产品，及时取得生产所需的原材料及零部件；保证尽可能低的库存水平；计划生产活动、交货进度与采购活动，使各车间生产的零部件、外购件、配套件与装配的要求在时间、数量上精确衔接；等等。MRP 是一种推式体系，根据预测和客户订单安排生产计划。因此，MRP 基于天生不精确的预测制订计划，"推动"物料经过生产流程。也就是说，传统 MRP 方法依靠物料运动经过功能导向的工作中心或生产线（而非精益单元），这种方法是为实现效率最大化和进行大批量生产以降低单位成本而设计的，是通过计划、调度并管理生产以满足实际和预测的需求组合。生产订单出自主生产计划，经由 MRP 后的订单被"推"向工厂车间。

MRP 系统的基本指导思想是，只在需要的时候，向需要的部门，按照需要的数量，提供该部门所需要的物料。当物料短缺影响整个生产计划时，应该迅速提供物料；当主生产计划延迟而推迟物料需求时，物料配备也应该被延迟。

一 MRP 的输入信息

（一）MPS 的概念

MPS 是关于"将要生产什么"的一种描述，起着承上启下、由宏观计划向微观计划过渡的作用。它是连接市场、主机厂或配套厂、销售网点（面向企业外部）与生产制造（面向企业内部）的桥梁，使生产计划和能力计划符合销售计划所要求的优先顺序，并能适应不断变化的市场需求。同时，主生产计划能够向销售部门提供生产和库存信息，提供可供销售的数量信息，作为同客户洽谈的依据，起到沟通企业内部与外部的作用。

为什么要先有主生产计划，再根据主生产计划制订物料需求计划？直接根据销售预测和客户订单来制订物料需求计划不行吗？产生这样的疑问和想法的原因在于不了解 MRP 的计划方式。概括地说，MRP 的计划方式就是追踪需求。如果直接根据销售预测和客户订单来运行 MRP，那么得到的计划将在数量和时间上与销售预测和客户订单需求完全匹配。但是，销售预测和客户订单是不稳定、不均衡的，直接用来安排生产会出现加班加点也完不成任务，或者设备闲置，很多人没有活干的情况，这将给企业带来灾难性的后果，而且企业的生产能力和其他资源是有限的，这样的安排也不是总能做得到的。再加上主生产计划这一层次通过人工干预和均衡安排，在一段时间内主生产计划量、销售预测及客户订单在总量上相匹配，而不追求在每个具体时刻均与需求相匹配，从而得到一份稳定、均衡的计划。由于在产品或最终项目（独立需求项目）这一层次上的计划（主生产计划）是稳定和均衡的，据此得到的关于非独立需求项目的物料需求计划也将是稳定和均衡的。因此，制订主生产计划是为了得到一份稳定和均衡的生产计划。

为了透彻地理解主生产计划，我们先来弄清一些容易混淆的概念。

1. 销售预测

销售预测是生产规划和主生产计划的原始输入信息，它既不考虑产品的分层目标，也不考虑根据可得到的物料和可达到的能力可以做什么的问题。从供需关系来说，销售预测描述的是需求信息，而主生产计划描述的则是供应信息。

2. 生产规划

生产规划按产品类别规定生产率。主生产计划则由生产规划转化而来，它是按最终产品的组件来进行描述的。

3. 装配计划

主生产计划和装配计划在某些方面是相同的。例如，对于面向库存生产的产品以及少数在收到客户订单之前最终产品可以确定的面向订单生产的产品，二者是相同的。但对于面向订单装配的产品，主生产计划和装配计划则是不同的，前者描述的是构成最终产品的组件，后者则指出产品的最终结构。

4. 由计算机自动生成的计划方案

有些人认为只要把销售预测、客户订单、物料清单、生产成本、库存记录等数据输入计算机，就可以自动生成主生产计划。这其实是一种误解。主生产计划包括许多经验决策，这是计算机无法完成的。例如，哪份订单更重要？本周内再加班工人会有何感觉？有没有其他方法发挥人们的聪明才智，使之更好地完成工作？主生产计划需要好的管理，而好的管理不能由输入计算机的程序来实现。计算机可以提供调整主生产计划的信息，但是在任何情况下，制订和调整主生产计划的责任者是人，而不是计算机。

编制主生产计划时要确定每一具体的最终产品在每一具体时间段内的生产数量。它需要满足以下两个约束条件。

（1）主生产计划所确定的生产总量必须等于总体计划所确定的生产总量。该约束条件包括两个方面：一方面，每个月某种产品各个型号的产量之和等于总体计划所确定的该种产品的月生产总量；另一方面，总体计划所确定的某种产品在某一时间段内的生产总量（也就是需求总量）应该以一种有效的方式分配在该时间段内的不同时间生产。当然，这种分配应该是基于多方面考虑的，如需求的历史数据、对未来市场的预测、订单以及企业经营方面的其他考虑。此外，主生产计划既可以以周为单位，也可以以日、旬或月为单位。选定以周为单位后，必须根据周来考虑生产批量（在断续生产的情况下）的大小，其中重要的考虑因素是作业交换成本和库存成本。

（2）在决定产品批量和生产时间时必须考虑资源的约束。与生产量有关的资源约束有若干种，如设备能力、人员能力、库存能力（仓储空间的大小）、流动资金总量等。在制订主生产计划时，首先必须清楚地了解这些约束条件，根据产品的轻重缓急来分配资源，将关键资源用于关键产品。

（二）MPS 的计划对象

MPS 的计划对象是最终项目。所谓最终项目，是指具有独立需求的物料。对最终项目的需求不依赖于对其他物料的需求。

生产计划方式不同，最终项目的含义也不完全相同。

（1）面向库存生产（存货生产）的环境，最终项目是指产品、备件、备品等具体产品。

（2）面向订单生产（订货生产）的环境，最终项目又可分为两种情况：当产品是标准设计或专项设计时，最终项目一般就是产品；当产品是一个系列，即产品基本结构相同，均由若干基本件和通用件组成时，最终项目就是基本件或通用件。编制计划时，要先根据历史资料确定各基本件中各种可选件占需求量的比例，并以此安排生产，保持一定的库存储备；一旦收到正式订单，只需再编制一个总装计划（Final Assembly Schedule, FAS），规定从接到订单开始，到核查库存、组装以及测试检验、包装、发货的进度,就可以选装出各种变型产品,从而缩短交货期,满足客户需求。这种生产计划方式即面向订单装配。

对于产品系列下有多种具体产品的情况,要根据市场分析估计各类产品占系列产品总产量的比例。此时,生产规划的计划对象是系列产品,MPS 的计划对象是按预测比例计算的具体产品。以电子挂钟为例的主生产计划对象见图 2-1。

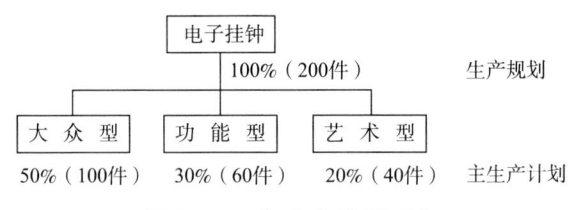

```
           电子挂钟
         100%(200件)              生产规划
      ┌──────┼──────┐
    大众型   功能型   艺术型
   50%(100件) 30%(60件) 20%(40件)   主生产计划
```

图 2-1 主生产计划对象

二 MPS 的策略

(1) MPS 的基本原则。MPS 的基本原则是根据企业的能力确定要做的事情,通过均衡地安排生产实现生产规划的目标,使企业在客户服务水平、库存周转率和生产率方面都能得到提高,及时更新计划,保持计划的可行性和有效性。主生产计划中不能有超越可用物料和可用能力的项目。

(2) 预测。主生产计划应指出谁负责预测以及预测的对象和技术;谁负责审查预测的精度以及主审查的频度;各部门如何就预测的结果进行交流;等等。预测的责任通常由市场部门承担。

(3) 制订 MPS。明确负责人、签发人、计划展望期、计划时区等。

(4) 交流。生产部门和采购部门有提供反馈信息的责任，应及时向计划员和主生产计划员提供关于预期延迟的信息，以便计划员和主生产计划员在问题发生之前做好计划调整。

（5）承诺和计划的修改。应明确时界，规定交流的响应时间，对生产进度的任何修改必须经相关部门签字。

（6）MPS 的控制。要确保 MPS 与生产规划相符。

三 MPS 的编制

编制 MPS 的步骤如下。

（1）确定每个 MPS 对象。根据生产规划和计划清单确定对每个主生产计划对象，即最终项目的生产预测。

（2）计算总需求。根据生产预测、已收到的客户订单、配件预测以及该最终项目作为非独立需求项的需求数量，计算总需求。总需求 = 客户订单 + 未兑现的预测 + 非独立需求。

（3）计算各时区的 MPS 接收量和预计可用量。根据总需求量和事先确定好的订货策略和批量，以及安全库存量和期初库存量，计算各时区的主生产计划量和预计可用量。这里可以使用以下公式从最初时区进行推算：第 $K+1$ 时区的预计可用量 = 第 K 时区的预计可用量 + 第 $K+1$ 时区的生产计划量 − 第 $K+1$ 时区的总需求量（$K=0, 1, \cdots, n$）；第 0 时区的预计可用量 = 期初可用量。

在计算过程中，如预计可用量为正值，则表示可以满足需求量，不必再安排主生产计划量；如预计可用量为负值，则在本时区需计划一个批量作为主生产计划量，从而给出一份主生产计划的备选方案。

（4）评价 MPS 备选方案的可行性，模拟选优，给出 MPS

报告。用粗能力需求计划评价主生产计划备选方案的可行性。模拟选优,给出主生产计划报告。

四 MPS 的维护

为了说明需求量的计算依据以及变动计划的限制条件、难易程度、付出的代价,从而谋求一个比较稳定的主生产计划,特提出时界与时域的概念,为生产计划人员提供一种控制计划的手段。

计划展望期内最近的计划期称为第 1 时域,其跨度等于或略大于最终产品的总装配提前期(冻结状态);稍后的计划期称为第 2 时域,其跨度加上第 1 时域的跨度等于或略大于最终产品的累计提前期(中等稳定);第 2 时域以后的计划期称为第 3 时域(灵活状态)。

第 1、第 2 时域的分界线称为需求时界(Demand Time Fence,DTF),它提醒计划人员,早于这个时界的计划已在进行最后总装,不宜再做变动;第 2、第 3 时域的分界线称为计划时界(Planning Time Fence,PTF)或确认计划时界(Firm Planned Time Fence),它提醒计划人员,在这个时界和需求时界之间的计划已经确认,不允许系统自动更改,必须由主生产计划员来控制;在计划时界以后的计划还没有经过确认,系统可以改动。两种时界是客观存在的,通过它们为计划人员提供一种控制手段。不难看出,提前期越短,留给系统排进度的余地就越大。为了提高计划的应变能力,应当努力提高生产率,缩短提前期。

五 库存状态信息

库存状态信息包括产品、零部件、在制品、原材料等,内容包括现有库存量、计划入库量、已分配量、提前期、安全库存量、组装废品系数、零件废品系数、材料利用率等，具体内容如下。

（1）现有库存量（On-hand Quantity）是工厂仓库中实际存放的物料的可用库存量，即不因财务、质量等而保存的量。

（2）计划入库量（Scheduled Receipts）也称已有货量，是指将来某一时间一个项目的入库量，一般来源于正在执行的采购订单或生产订单，在这些项目入库的那个周期内，将其视为库存可用量。

（3）已分配量（Allocations）是指以下两种零件的数量：分拣单上已经表明生产或装配中要用的零件，已通知库房，但还没有从库房领走；在工厂中实际存放着，但不能使用的零件。

（4）提前期是指执行某活动所需的时间，即从开始到完成这项活动所消耗的时间。对采购件来讲，提前期是从提出某个项目（向供应商订货）到这个项目完成（采购件入库），成为下一级生产（如装配）的可用项目的时间；对制造或装配件来讲，提前期包括针对需求的订单准备、从库房分拣物料、将物料运送到生产地、为生产准备工作场地或机器所需的时间，制造生产时间以及检查和运送入库时间等。

（5）安全库存量是指在库存中保存的项目数量。设置安全库存量，是为了预防需求或供应方面不可预料的波动，缓和用户与工厂、供应商与工厂、制造与装配之间的关系，以实现用户服务目标。

最简单的批量规则是直接批量法，即严格按项目的需求计划下订单。这种规则适用于重大项目或很少使用的项目，如果该规则会产生很多数量很小的订单，那么利用这个规则是不合适的，需进行适当整合调整。订单的精确数量要变成常用的数或指定数的整倍数。

（6）组装废品系数是对部件毛需求的调整。当一个零部件在装配它的父项时，可以根据以往的生产情况估计零部件的损失或毁坏情况。一个项目对不同父项的损失率也不同。因此，组装废品系数以百分数的形式存放在物料清单中。

（7）零件废品系数是对订单数量而非毛需求的调整，允许一定的损耗。这个系数表明，一定数量的订单，预计入库时总会有一定比例的减少。因此，零件废品系数是项目本身（不是组件）在制造过程中出现的，它存放在库存主文件中。

（8）材料利用率是有效产出占总输入的比例。它与零件废品系数是一个问题的不同表述，都表示预计的生产损耗。

六 产品结构信息

产品结构信息，又称物料清单，是产品结构的技术性描述文件。产品结构信息输入计算机后，自动赋予各部件、零件一个低层代码，当一个零件出现不同层次代码时，按最低层代码原则确定，下属项的毛需求量取决于其直接上属项的净需求量。

举个例子，产品（卡车），总成（传动器），组件（齿轮箱），零件（齿轮），零件毛坯（齿轮锻坯），库存状态（库存量和已订货量之和）：传动器——2单位，齿轮——15单位，齿轮锻坯——46单位。现要生产100辆卡车，计算在上述库存状态下的净需求。请自行验算，记住"下属项的毛需求量取决于其直接上属项的净需求量"。

MPS 要达到的目的如下。

（1）实现生产计划与日常作业计划的连接。

（2）为日常作业管理提供控制依据。

（3）实现计划与控制系统的集成。市场预测结果、客户订单内容和生产计划要求 MPS 的输入，在生产能力和产品提前期要求的约束下，按照生产规律和计划安排原则生成有效的生产计划，即输出计划生产的产品品种、生产时间和生产数量。通常，任何一家制造企业都有一份 MPS，MPS 提供的是一份健全的、集成的、正式投产的计划，以便了解所需的物料、劳力、设备、资金及各种资源的时机。

七 MRP 的运算逻辑

MRP 是根据主生产计划规定的产品数量及期限要求，利用输入信息，按反工艺路线进行推算的。具体计算步骤如下。

（1）按时间周期计算 t 周期的毛需求 $G(t)$。

（2）确定 n 层 t 周期的净需求 $N(t)$。$N(t) = G(t) - S(t) - H(t-1)$，其中 $S(t)$ 为计划接收量，$H(t-1)$ 为 $t-1$ 时期的预计库存量。

（3）确定 n 层 t 周期的订单入库量 $P(t)$。

（4）计算所有 n 层零部件在 t 周期的预计库存量 $H(t)$。$H(t) = S(t) + P(t) + H(t-1) - G(t)$。

（5）确定订单下达量 $R(t-L)$。$R(t-L) = P(t)$，其中 L 为提前期。

举个例子，已知物料 A 的低层代码为 2，当前库存量为 35，经济批量为 30，每个时间周期（一周）的需求量依次为 25、35、35、30、25、30，提前期为一周，第 2、第 3 周计划接收量分别为 20、15，按上述公式进行计算，物料 A 计算结果见表 2-1。

表 2-1 物料 A 计算结果

时段 指标	0	1	2	3	4	5	6
毛需求	25	35	35	30	25	30	
计划接收量			20	15			
预计库存量	35	10	25	5	5	10	10
净需求		0	5	0	25	20	20
订单入库量		30	0	30	30	30	
订单下达量		30	0	30	30	30	

多个物料、多个层次的计算原理相同。例如，两种产品 J 和 K 的结构分别见表 2-2、表 2-3，产品 J 各时段的总需求量分别为 0、50、80、10、0、60、10、25，期初库存量为 15，产品 K 各时段的总需求量分别为 25、15、120、0、60、0、15、0，期初库存量为 50，产品 J 和 K 均无计划接收量。若产品 J 和 K 的订货批量不受限制，零件 M 的订货批量为 30。产品 J、K 和零件 M 的计算过程分别见表 2-4、表 2-5、表 2-6。

表 2-2 产品 J 的结构

零件代码和层次		每一装配件需要的数量	提前期（L 周）
0	1		
J			1
	K	1	1
	P	2	4

表 2-3 产品 K 的结构

零件代码和层次		每一装配件需要的数量	提前期（L 周）
0	1		
K			2
	M	2	1
	R	1	3

表 2-4 产品 J 的计算过程

时段 指标	0	1	2	3	4	5	6	7	8
G(t)		0	50	80	10	0	60	10	25
S(t)		0	0	0	0	0	0	0	0
H(t)	15	15	0	0	0	0	0	0	0
N(t)		0	35	80	10	0	60	10	25
P(t)		0	35	80	10	0	60	10	25
R(t)		35	80	10	0	60	10	25	0

表 2-5 产品 K 的计算过程

时段 指标	0	1	2	3	4	5	6	7	8
G(t)		25	15	120	0	60	0	15	0
S(t)		0	0	0	0	0	0	0	0
H(t)	50	25	10	0	0	0	0	0	0
N(t)		0	0	110	0	60	0	15	0
P(t)		0	0	110	0	60	0	15	0
R(t)		110	0	60	0	15	0	0	0

表 2-6 零件 M 的计算过程

时段\指标	0	1	2	3	4	5	6	7	8
$G(t)$		255	80	130	0	90	10	25	0
$S(t)$		30	0	0	0	0	0	0	0
$H(t)$	225	0	0	0	0	0	20	25	25
$N(t)$		0	80	130	0	90	10	5	0
$P(t)$		0	80	130	0	90	30	30	0
$R(t)$		80	130	0	90	30	30	0	0

（其中 $35+110\times 2$ 对应 255）

多级展开见表 2-7。

表 2-7 多级展开

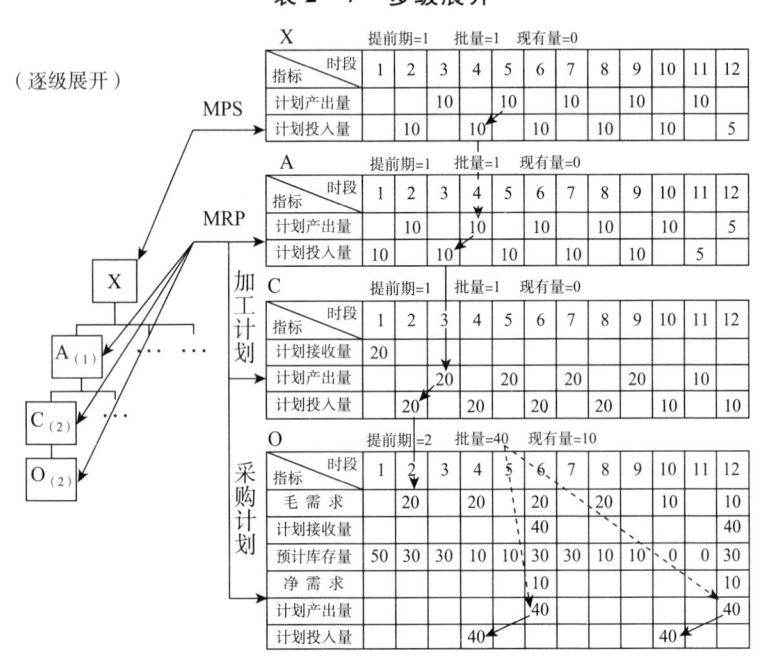

（逐级展开）

X 提前期=1 批量=1 现有量=0

时段\指标	1	2	3	4	5	6	7	8	9	10	11	12
计划产出量			10		10		10		10			
计划投入量		10		10		10		10			5	

A 提前期=1 批量=1 现有量=0

时段\指标	1	2	3	4	5	6	7	8	9	10	11	12
计划产出量				10		10		10		10		5
计划投入量			10		10		10		10		5	

C 提前期=1 批量=1 现有量=0

时段\指标	1	2	3	4	5	6	7	8	9	10	11	12
计划接收量	20											
计划产出量			20		20		20		20			
计划投入量		20		20		20		20				

O 提前期=2 批量=40 现有量=10

时段\指标	1	2	3	4	5	6	7	8	9	10	11	12
毛需求		20		20		20		20		10		10
计划接收量						40						40
预计库存量	50	30	30	10	10	30	30	10	10	0	0	30
净需求						10						10
计划产出量						40						40
计划投入量				40						40		

MPS → X
MRP → A(1)，C(2)，O(2)
加工计划 / 采购计划

八 MRP的重新生成和净改变

生产系统状态变化主要包括工程设计改变、客户订货数量和交货期改变、供应商延期发货、工作单提前或延期完成、废品比预期高或低、关键工作中心或设备损坏、计划中使用的数据有误等方面。MRP最重要的特点在于能够根据变化的情况和系统的要求进行数据调整与更新,使更新以后的数据能够符合生产的发展,指导企业的生产。一般来说,MRP对数据的更新方式主要包括两个方面。

(一) 重新生成

主生产计划完全重新制订,重新展开物料清单,重新编排物料需求的优先顺序。原有计划订单都会被系统删除并重新编排。全重排法的好处是计划全部理顺一遍,避免差错。重排计划的间隔时间,要根据产品结构的复杂程度、物料数量的多少、对计划准确度的要求、计划变动影响面的大小、计算机的档次和运行速度等因素分析确定。有的企业产品比较简单,对所有产品的计划全重排一次只需十几分钟或个把小时,可根据情况及时运行或在夜班运行,尽早提出修订好的计划,不一定要等到周末。复杂产品全重排的运行时间虽然比较长,但即便如此,也是手工管理所无法比拟的。由于需要对所有产品逐层分解和计算,从而得出大量报告,且需要间隔一定时间(至少1周),因而不能及时反映变化情况。按照重新生成方式,MRP每隔一个固定的时间(通常是1周)运行一次,每一个产品项目,不论是否发生变化,都必须重新处理一遍,要重新制订主生产计划,重新展开物料清单,重新编排物料需求的优先顺序。重新生成方式的优点是系统运行次数少,数据处理效率高,计划全部梳理一遍,有"自洁"作用,不会把上一次运行中的错误带到新得出的计划中。

重新生成是 MRP 系统中常见的一种计划更新方式，根据这种方式，系统要从最初始层次的产品需求量开始，依次对各个层次每种物料的需求量重新进行计算。更新的间隔期一般为 1～2 周，采用批处理方式。这意味着在两次批处理之间发生的所有变化，如主生产计划的变化、产品结构的变化、计划因素的变化等都要积攒起来，等到下次批处理时一起处理。重新生成更新方式的工作量非常大，不可能进行即时更新，因此需要经过一定的时间间隔对数据进行更新，一般是 1～2 周对数据进行一次更新。由于重新生成更新方式具有这个特点，因此比较适合生产条件稳定和变动不大的情况。

（二）净改变

平常的生产系统和生产环境往往很不稳定（如客户订货发生变化、主生产计划经常修改、产品设计经常改动等），系统必须有较强的适应变化的能力，由于重新生成这一更新方式的工作量大，因此需要研究新的更新方式。为了能在较短周期内更新计划，发展出了净改变更新方式。净改变更新方式，顾名思义，并不是对所有的物料需求都重新进行计算，而是只对那些有变化的项目进行重新计算和做新的计划安排。这就使计划的工作量大大减少，计划更新的频次加快，因而增强了系统的适应能力。

净改变更新方式的另一个重要特点是，更新计划与文件维护融为一体，也就是说，数据资料在进行更新的时候，生产计划同时也进行了更新，这使得整个计划不再是固定不变的，而是随着系统的变化进行动态的变化，这个系统能够随着计划的实施对物料的状态自动进行平衡。

系统只对订单中有变动的部分进行局部修改，一般改动量比较小，如只变动部分产品的结构、需求量、需求日期等。运行时，只展开受变动影响的部分物料，修改量小，运算快，可以随时进行，一般用于计划变动较多但影响面不大的情况。但是，大量频繁的局部修改会产生全局性的差错，因此，隔一段时间有必要用全重排法把全部物料的需求计划全面理顺一遍。一般软件都提供两种修订计划的功能，但全重排法是必不可少的。只重新计算计划改变的部分，实施的方法有联机实时改变和批处理净改变两种。

按净改变方式，系统要根据发生的变化随时运行，但运行中只处理发生变化的部分，进行局部修改。因此，净改变更新方式计算量小，运算时间短，对变化反应及时，但系统运行次数多。

(三) 两种更新方式的比较

重新生成和净改变两种更新方式的不同之处主要表现在以下几个方面。

(1) 重新生成是对整个生产计划进行重新编制；净改变是对主生产计划做部分变动。

(2) 重新生成要进行大量的数据处理；净改变的数据处理任务分散在不同时期。

(3) 重新生成更稳定，但对改变不太敏感；净改变一般对改变非常敏感，但不太稳定。

(4) 重新生成对当前的有效性缺少控制；净改变中的改变则会立即得到处理。

(5) 重新生成按周期处理，通常是每周处理；净改变通常是每天都在改变。

(6) 系统采用重新生成时，数据的一致性和集成问题得到了处理；而系统采用净改变时，数据问题可能被隐藏起来。

(7) 重新生成系统是根据物料清单，按时间周期对主生产计划全部拆零；净改变系统只对主生产计划中受改变影响的那些物料清单拆零。

(8) 重新生成更新方式适用于以下情形：当进行初始的生产计划大纲需求量拆零时；当生产计划大纲的内容发生重大变更或其他库存状态发生重大变化时；当一些错误信息嵌入系统时。

重新生成和净改变两种更新方式主要的不同之处在于更新计划的频繁程度以及引起计划更新的原因（主生产计划变化、库存事务处理）。

净改变更新方式的不足之处主要有两个方面。

(1) 净改变更新方式在处理过程中往往采用人机交互的方式，而且按项目分解，需要多次查询库存记录，因而数据处理的效率较低，成本较高，同时也增大了数据出现错误的可能性。

(2) 净改变更新方式对系统变化过分敏感，因而使计划失去权威性，也会使基层管理人员因不断修正已经进行的作业而感到困难。显然，净改变更新方式适用于计划变动频繁、生产环境不稳定的情况。

（四）两种更新方式的选择

MRP 系统更新作业计划方式的选择应考虑以下几个方面。

(1) 资源能力。重新生成和净改变 MRP 系统都要考虑计算机的能力。重新生成要消耗较多数据处理资源，因为要重新编排整个物料需求计划，而不是仅仅处理改变。净改变 MRP 系统虽然使用较少的计算资源，但运行频繁。

(2) 响应速度。应考虑现有 MRP 系统对改变必须做出多快的反应。净改变比重新生成对改变的反应更快。然而净改变系统更敏感（由于连续的改变缺少稳定性），并且可能使订单改变或重新编排计划过于频繁。

（3）纠错性。一般来说，净改变 MRP 系统比重新生成更能保持物料需求计划的一致性，反映当前计划的情况更精确。然而在净改变 MRP 系统中，任何计划订单数据的错误都可能保留在系统中，直到人工发现或系统运行重新生成。由于这个原因，一些净改变用户在必要时将重新生成计划。

第 3 章　MRP 参数的确定

一　时间参数

谈到计划，离不开"时间"这个概念。MRP II 系统同现行计划管理在时间的概念和处理方法上是有区别的，这种区别是由手工管理难以处理庞大的数据量造成的，也是手工管理容易出现生产不均衡、交货不及时、库存居高不下的原因之一。

MRP II 系统的出发点是时间本来是连续的、延绵不断的，这是客观事实。1 月 31 日和 2 月 1 日虽然在报表上分别属于两个月份，但是它们之间的关系同 2 月 1 日和 2 月 2 日之间的关系没有本质区别，都是一日之差。在说明 MRP II 的计划与控制之前，必须先明了 MRP II 系统在计划管理中用到的三项时间要素。

（一）计划展望期

计划展望期（以下简称计划期）是指系统生成物料需求计划所覆盖的未来时间区间，分为时段或周期，长度覆盖计划中物料的最长累计提前期（一般为 40 周）。设定计划期的目的，是控制产品生产的全过程，提高计划的预见性。不同产品的生产周期不同,因此各自的计划期应有所区别。每个产品的计划期应不短于产品的总提前期;总提前期不同,计划期也应当不同。在 MRP Ⅱ 系统中,产品的需求计划是按每个产品分别单独显示的,计划期是在产品各自的物料主文件中定义的,不是一个统一的数值。按不同产品分别设置不同的计划期,是 MRP Ⅱ 计划与传统计划管理的一个主要区别,它说明计划能够看得多远。通常,计划期应覆盖产品制造的整个过程(一般称为总提前期)。在实际运营中,从接到客户订单到完成交付,各种产品所需的时间是不一样的,也就是不同产品的计划期长短是不同的。因此,计划期应不短于计划对象(如产品)最长的总提前期,一般为 3~18 个月。在实际运行时,如果销售形势很好,企业接到的订单已经延续到很远的将来,在这种情况下,尽管产品的总提前期很短,计划期也可以长些,如将最远的产品订单完成日期作为计划期的终点,这样可以提高计划的预见性。

(二) 时间段 (周期)

时间段(周期)是指计划期分成的一些小的时间区间,70% 的用户取一周。MRP Ⅱ 系统认为企业只有一个计划。在计划报表中出现的年计划、季计划、月计划等,只是为了满足统计、结算和报告的需要。MRP Ⅱ 系统把年、季、月、旬、周、日等时间跨度统称为时间段(以下简称时段)。划分时段的目的是规定计划报表显示需求量和需求时间的详细程度,从而区别物料需求的优先级。它说明计划期分段能够分多细,可以由用户设定。典型的计划时段是周,也可以为小时、天、月、季。时段越短,计划越详细,执行起来要求也越高。MRP 将按照用户确定的计划时段,汇总需求数据,分别显示出日计划、周计划、月计划、季计划等的需求数据,实现优先级计划,合理安排制造资源,保证生产的均衡和按期交货。MRP系统允许在同一个计划中设置多种时段显示方式,如按照近期细、远期粗的方式设置。

(三) 提前期

提前期是指执行某项任务从开始到完成所消耗的时间。以交货或完工日期为基准,倒推至加工或采购日期的这段时间,叫作提前期(Lead Time)。同客户洽谈合同、编制和修改生产计划与采购计划、编制工作中心负荷和能力计划,都要用到提前期。因此,提前期的准确性十分重要。提前期的含义类似于期量标准中"期"的概念。

在 MRP 中,一个物料项目的提前期是指从投料开始到该项目入库可供使用为止的时间间隔。按照此定义,采购件的提前期是指从发出采购订单开始,经供应商供货、在途运输、到货验收、入库所需的时间。自制件的提前期是指从订单下达开始,经准备物料、工具、工作地和设备,进行加工制造,直到检验入库所需的时间。

提前期是确定计划下达时间的一个重要因素。对一个产品来说,有一个交货期;对这个产品的下一级部件来说,完工日期必须早于产品交货期;而对这一部件的下一级零件来说,完工日期又要早于部件的完工日期,如此一级一级地往下传。因此,自制件的提前期是产品及其零部件在各工艺阶段投入的时间比出产时间提前的时间。

提前期不是一个纯工艺时间。确定提前期要考虑以下几个因素:排队(等待加工)时间、运行(切削、加工、装配等)时间、调整准备时间、等待运输时间、检查时间、运输时间以及其他管理事务处理时间。对一般单件生产车间来说,排队时间是最主要的,约占零件在车间停留时间的90%。这个数值是所有零件的平均数。对某个具体零件来说，排队时间是其优先权的函数。优先权高的零件，排队时间短；优先权低的零件，排队时间长。所以，排队时间是一个很不稳定的因素。除了排队时间之外，其他几个因素也是很难确定的。这些因素与工厂里的工时定额、机器设备及工艺装备的状况、工人的熟练程度、厂内运输的条件以及生产组织管理的水平都有关系。因此，要给出精确的计算公式或程序来确定每批零件的提前期几乎是不可能的，一般要通过经验方法估算。

当排队时间为主要因素时，可采用下面的公式：

$$LT = 2N + 6$$

式中：

LT——提前期；

N——工序数。

当加工时间为主要因素时（如大型零件的加工），可采用下面的公式：

$$L = k \cdot T$$

式中：

L——提前期；

T——工件的总加工时间；

k——系数，可取 $1.5 \sim 4$。

提前期的单位一般为周，也可以为天。企业应当定期审核、修改提前期参数。

从完成订单的概念出发，提前期有两种类型。

（1）总提前期。产品的整个生产周期，包括产品设计提前期，生产准备提前期，采购提前期，加工、装配、试车、检测、包装发运提前期，称为总提前期（Total Lead Time）。

（2）累计提前期。采购、加工、装配提前期的总和称为累计提前期（Cumulative Lead Time）。

总提前期和累计提前期可看成一种标准提前期。如果从工序的概念出发，在实际运作时，有些工序可以通过采取重叠进行或分割在多个工作中心上进行等措施来缩短标准提前期，加快物料流动。

在 MRP 系统中，生产（加工、装配）提前期，或者说加工件的生产周期，可细分为五类时间，即排队时间、准备时间、加工时间、等待时间和传送时间。

（1）排队时间（Queue Time）。排队时间是指一批零件在工作中心前等待上机加工的时间。采用成组单元（流水）加工，放慢批量和均衡生产节拍是缩短排队时间的主要措施。在离散型生产中，一个工作中心加工的各种零件，其加工周期长短不一，为了保证工作中心不中断生产，排队时间（尤其是后续工序）往往很难避免。在流水线生产中，生产节拍比较均衡，工序之间的排队时间可以短些，甚至可以为零。但在流水线的头道工序前，还会有排队现象。排队时间是影响加工提前期的最主要因素，有时影响程度可达 80%，它还直接影响在制品的库存量。

一般软件将平均排队时间作为工作中心文件中的一个数据项，它是一个根据历史数据计算的统计平均值，受多种因素影响。除生产均衡因素外，批量也是一个主要因素。对于批量大的产品，从加工第一件到整个批量加工完，物料的排队时间必然较长。此外，如果没有按优先级安排生产，把不急需的工件提前加工，占用了设备，必然会延长急需工件的排队时间。排队现象是难免的，但要注意控制在制品库存。

（2）准备时间（Set-up Time）。准备时间是指熟悉图纸与技术文件、准备工具以及调整、装卡、拆卸的时间。为了使每个零件平均占用的准备时间短些，往往需要达到一定的加工批量，如换一次工具至少要连续生产一个班，但可以通过成组加工、改进工装设计、改善工作地组织、采取并行准备（在一批工件尚未完成前，就开始在不占用工作中心的情况下准备下一批工件的工装）等措施来缩短准备时间。准备时间相当于我国劳动定额中的准终时间，它是一种固定提前期。

（3）加工时间（Run Time）。加工时间是指占用工作中心加工工件或装配产品、部件的时间，相当于现行劳动定额中的机动时间。加工时间与工作中心的效率、工装设计能力、操作人员的技术水平有关。在离散型生产中，加工时间用工时/件或台时/件表示，是一种变动提前期，即每批工件的加工时间＝工件数量×单件加工时间；对重复式流水线生产而言，加工时间可用件/小时表示。

（4）等待时间（Wait Time）。等待时间是指加工完毕的工件在工作中心旁等待这批工件全部加工完成后一起运往下道工序或存储地点的时间。很明显，等待时间的长短与加工批量或传送批量有关，也与搬运设施或下道工序的能力有关。有些软件把等待时间合并到传送时间中，也就是说，可以把等待时间看作传送时间的一部分。

（5）传送时间（Move Time）。传送时间是指工序之间或工序至存储地点的运输时间，它与车间布置以及搬运工具的能力和效率有关。如果是外协工序，则传送时间是指自上道工序完成之时起至厂外协作单位完成后送回至下道工序的时间。

能力计划的负荷，只考虑准备时间和加工时间，即实际占用工作中心的时间。排队时间、等待时间和传送时间不占用工作中心，只在排进度时考虑。

上述五类时间之和即加工件的生产周期。众所周知，在多品种、小批量、离散型生产类型中，一个零件在机床上的时间，即上述准备时间与加工时间之和，往往仅占生产周期的5%~10%，而90%以上的时间消耗在排队、等待、传送和存储上。这样划分时间类别，有助于分析原因进而采取措施以缩短生产周期。就管理而言，应把重点放在压缩这90%以上的无效时间上，如改善车间布置和物流、改进计划以减少库存积压、合理确定生产节拍和批量等。其中有些内容正是我们常说的期量标准，需要细致研究期与量的相互关系。

二　批量

加工或采购批量是运行 MRP 的重要参数。确定批量策略是运作管理部门的一项重要工作。在上述 MRP 的处理过程中，计算出的计划发出订货量等于净需求量，即采用批量等于净需求量的策略。但在实际生产中，为节省订货费或设备调整准备费，往往会确定一个最优批量。此时，安排生产计划或采购计划时，计划发出订货量不一定等于净需求量。一般来说，增大批量可以减少加工或采购的次数，相应地将降低订货费或设备调整准备费，但在制品库存会增加，要占用更多的流动资金。而如果批量过小，占用的流动资金虽然减少了，但增加了加工费或订货费。因此，必须确定一个合理的批量。由于产品结构具有层次性，批量的确定十分复杂。各层的元件都有批量问题，每一层元件计划发出订货量和时间的变化，都将波及下属所有元件的需求量及需求时间，这样将引起一连串的变动。而且，由于下层元件的批量一般比上层大，这种波动会逐层放大。此外，批量问题还与提前期相互作用，批量的变化会导致提前期改变，而提前期的改变又会引起批量的变化。确定订货批量时需要考虑订货成本、物料成本、存货成本、需求规律等多种因素。

MRP 中每项物料的订货量都是为了满足其母项物料的需求，即要保证物料之间的相互关系。其相关需求的批量确定方法要遵循下列假设。

（1）在计划期内，各时间周期的物料需求量已知，且必须被满足。

（2）订货批量可以且只能覆盖一个或几个周期的需求量，不能把一个周期的需求量拆开，再分成几批去订货。

（3）满足当期需求的批量直接发给用户，不入库储存，因此不发生保管成本。

对于批量的计算有静态与动态两种方法。其中，静态方法包括固定订货批量法、经济订货批量法等；动态方法包括直接批量法、固定周期批量法等。根据以上确定的批量，有时需进行一些必要的调整。具体方法如下。

（一）固定订货批量法

固定订货批量法（Fixed Order Quantity，FOQ）适用于每次订货的间隔期不同，但订货量固定不变的情况。通常适用于那些订货量受生产条件、运输或包装限制的物料。受生产条件（如一炉的装载量、调整一次的最低产量等）、运输或包装的限制，不论需求量有多大，都必须按照订货的最小批量或标准批量进行。批量为一固定值 Q，Q 的确定受过程能力、运输能力、包装容器大小、物料尺寸和重量、逻辑上的订货倍数（如打、箱）等因素影响。

这种方法为物料规定了一个固定的订货批量，每次订购或生产这种物料时都按这个批量订货。其数量可凭经验或由某些生产条件决定，如考虑生产设备的可利用能力、工模具的寿命、仓库的可用面积等。固定批量常取成最小批量,即规定成物料的最小订货批量。若净需求量小于该最小批量,则将批量增加到最小批量,以保证订货的经济性;若净需求量超过最小批量,则按净需求量订货,以保证计划的需要。

(二)经济订货批量法

经济订货批量法(Economic Order Quantity,EOQ)是一种早在1915年就已开始使用的批量法,它是以最佳经济效果为目标的一种批量计算方法。批量大小对生产费用的影响主要有两方面:设备调整费和库存保管费。批量越大,设备调整费就越低,而存货费就会升高。反之,批量越小,设备调整费就越高,而存货费就会降低。经济订货批量法有许多假定,如需求量是均衡不变的;物料单价和订货费是固定的;保管费与库存价值呈线性关系;等等。从这些方面讲,经济订货批量法是静态的。经济订货批量法寻求年度保管费等于订货费条件下的经济批量,这时,总费用(保管费与订货费之和)最低。计算公式如下,令

$$保管费 = 订货费$$

$$\frac{EOQ}{2} \cdot C \cdot I = \frac{U}{EOQ} \cdot S$$

$$EOQ = \sqrt{2US/IC}$$

式中:

U——年需求量(件);

S——每次订货费(元/次);

I——年保管费占年平均库存值的比重(%);

C——物料单价(元)。

当企业按照经济订货批量法来订货时,可实现订货成本和储存成本之和最小化。在库存管理中必须做出的基本决策之一

是对照发出重新补充库存的订单的成本平衡库存投资的成本。要回答的问题是应该订多少货。正确的订货数量要使与发出订单次数有关的成本和与所发订单订货量有关的成本达到最好的平衡。当这两种成本恰当地平衡时，总成本最低。

事实上，EOQ 的几项假定同现实是有一定出入的。实际需求量是波动的，物料的单价也在变动，保管费并不一定与订货量按同一比例升降，物料单价也可能因订货量增加而获得优惠。此外，EOQ 不考虑物料的工艺路线是否通过关键工作中心，也不考虑物料在产品结构中的层次以及母件批量的影响（对某层物料的批量是经济的，但对相邻上下层物料的批量不一定是经济的），因此，EOQ 不适用于需求波动很大、项目价格很高的情况，它不能保证计划的正确性。尽管如此，人们往往还是把 EOQ 作为一个参考起点，在实际应用时再用其他方法修正。

（三）直接批量法

直接批量法即因需定量法（Lot for Lot，LFL），是指物料需求的批量等于净需求量，适用于生产或订货的时间和数量基本上能满足物料的需求，并且所处理的物料价格较高，不允许有过多的生产或库存的情况。因需定量法即完全根据需求量确定订货量，不加任何修订，是一种动态方法，也是保持库存量最小的订货方法。一般用于订货生产环境下的产品或用于价值较高的物料。准时制生产必须是因需定量，它的特点是订货批量小但订货频繁，适用于价格较高的项目，不适用于标准件和通用件。

这种方法规定净需求量是多少，批量就取多少，完全按照物料的净需求量确定订货量。这种方法简单易用，而且可以避免因投入过多而引起的在制品积压，但其缺点是加工或采购次数多，不便于组织生产。

（四）固定周期批量法

固定周期批量法（Fixed Period Requirements）即定期用量法，是指以固定的时间间隔，以物料的净需求量为依据计算出的订货批量。这种批量大小随物料净需求量的变化而变化，订货间隔期一般由用户根据经验设定。人为设定一个时间间隔，如 3 个月，每次按 3 个月的用量订货。由于间隔期是固定的，各个时间间隔的需求量不是一个固定值，因此，固定周期批量法属于动态方法。这种方法也称"可供使用天数"的订货量法。对于没有批量限制的物料，为了减少订货和运输次数，可以采用固定周期批量法。固定周期批量法的一种变异是周期订货量法（Period Order Quantity，POQ），它根据 EOQ 计算间隔期（周期），确定每年订货次数，而不是任意设定。具体公式如下。

$$每年订货次数 = \frac{年需求量}{EOQ}$$

$$订货间隔期 = \frac{每年期段数}{每年订货次数}$$

间隔期内的订货批量随需求量而变动，由于订货次数是根据 EOQ 推算的，因此它被认为是一个比较合理的次数。订单的订货量为固定的几个周期的净需求量之和。

需要指出的是，上述各种批量规则所提及的净需求量是经过废品率因素修正后的净需求量。另外，为了避免批量放大效应，要注意物料是处于物料清单的上层还是下层，对处于上层的物料的批量调整要特别慎重，以免形成连锁反应，使库存失控。

（五）调整

不管计划订货批量采用哪一种方法确定，在实际执行时，都会因某些因素而必须加以调整。这时主要考虑下列几个因素：订货数量的上限和下限（或最大订货量和最小订货量）、报废率、批量倍数。

1. 订货数量的上限和下限

前文提到任何一种批量确定方法在确定批量时都可能受到订货数量的上限和下限的约束。其中一种下限在前文已经提及，那就是计算出的订货量至少应该等于这批订货覆盖区间的净需求量总和。上限和下限可以用绝对值来表示，如库存项目A的订货批量"不能小于50，也不能大于400"。上限和下限也可以用所要覆盖的时区数来表示，如库存项目A的订货批量所覆盖的时区范围"不能少于4周，也不能多于12周"或"订货覆盖面不超过1年"等。由于批量确定方法的一般算法并不能周全地反映实践中的各种因素，所以订货数量的上限和下限通常由管理部门加以限定。

通过估计生产负荷及处理订单能力，可以确定批量的最高和最低限额，实际采用的批量应不大于最大批量，也不小于最小批量，取整数倍。

2. 报废率

报废率，又称为损耗系数。在决定订货批量时，要按这个系数增加一定的余量，以便弥补在加工过程中可能发生的报废或损失，从而保证有足够数量的完好成品满足需求。这一点仅在间断性批量决策中才是重要的，因为这类订货批量所覆盖的时区数是整数（没有零头）。报废率通常因项目的种类不同而异，主要根据以往的报废记录来决定。

报废率既可以用数量来表示，也可以用相对于订货量的百分比来表示。在机加工车间，报废率常常与完成一个工件的工序数有关，而与工件数量关系不大。考虑到这一事实，我们可

以采用下面的"递减百分比公式":

$$Q = L + a\sqrt{L}$$

式中:

Q——订货批量;

L——由批量算法确定的批量;

a——反映以往报废情况的乘数因子。

举例来说,假如由批量算法确定的批量为400,那么这个数据加上它的平方根与乘数因子的乘积,便得到调整后的订货批量为420。这里我们假定乘数因子为1。除非库存计划员认为有必要采用其他值,通常都令其为1。这个反映以往报废情况的乘数因子的值可以在0到任何数之间变化。

3. 批量倍数

可能是出于加工工艺方面的考虑,也可能是出于包装方面的考虑,必须把按批量算法求得的批量向上调整到某一个数的倍数,即批量倍数。例如,批量算法本身是不考虑原材料下料方式的,因此,此种方法所确定的批量可能会在下料时产生问题。如果在为某种制造项目下料时,一定尺寸的钢板恰好切成9块料,而由批量算法算出的订货批量是30,那么,在下料时第4块钢板就会出现零头。为了避免这种情况出现,应把订货批量调整为36(此时的最小订货量是9)。又如,在采购的情况下,对于我们要采购的某种物料,供应商是装箱卖的,25件装一箱,最少要采购两箱。于是,批量倍数为25(最小订货量是50)。

在确定批量规则和调整因子时,还应当注意物料是处于物料清单的上层还是下层。对处于上层的物料,要特别慎重,以免形成连锁反应,造成太多的库存。这与确定安全库存的道理是一样的。

三 安全库存

设置安全库存与安全提前期的最终目的都是保证客户服务，通常称为客户服务水准。客户服务水准是用出现短缺或脱销的概率来确定的，如客户服务水准为95%，就是指出现短缺或脱销的概率是5%。客户服务水准达到100%是非常不经济的，要从短缺或脱销对企业造成损失的角度来衡量。因此，确定安全库存不仅是统计学的概念，而且是经营决策问题。预测的准确性、市场需求和供应的稳定性、生产率的高低、提前期的长短、生产能力的大小、数据的准确度、车间作业的响应速度以及主生产计划员如何运用时界的概念控制 MPS 的变动等，都会影响安全库存量的确定。安全库存量是防止波动而保持的计划库存量，通常通过统计分析来确定。

设置安全库存是为了应对不确定性，防止生产过程产生缺料现象，避免造成生产或供应中断。尽管 MRP 处理的是相关需求，但仍有不确定性，如不合格品的出现、外购件交货延误、设备故障、停电、缺勤等。因此，相关需求也有安全库存问题。

但 MRP 认为，只有对产品结构中最低层元件或原材料设置安全库存才是必要的，而不必对其他层次元件设置安全库存，这样可以减少在制品占用，降低生产费用。MRP 可以确定中间层次零部件的优先权和交货期，以使它们都能在要求的时间出产。安全库存的引入将对净需求量的计算产生影响，一般可将安全库存从现有数据中减去。

第4章 生产数据库

生产数据库是统一管理（组织、维护）和提供生产管理所需数据的子系统，是 ERP 系统运行的基础，保证其准确至关重要。MRP 系统的运行，需要大量生产方面的数据，因此，生产数据库的建立，也是实施 MRP 的基础。生产数据库是生产管理系统的数据中心，它集中建立和维护生产经营活动所必需的基本数据资源，为生产经营各部门所共享。

通过生产数据库对数据进行集中组织管理的主要优点如下。

第一，可减少生产管理各部门间数据相交部分的重复存储，从而节省存储空间。

第二，可减少更新重复数据项的操作，避免冗余数据引起的不一致。

第三，数据逻辑结构合理，适应系统功能扩展的需要。

第四，能以合理的组织和灵活的通信满足各种生产活动的要求。

一 生产数据库的基础数据

(一) 产品定义数据

每一个项目都有唯一的定义和描述,是最基本的集合。物料代码是物料的标识,因此,它是对每种物料的唯一编号。物料代码是人和计算机使用所有其他数据元素的基础,主要用于记录在生产活动中运动的物料。物料代码的位数有一定限制,各个软件规定的位数也不相同,但一般不超过 20 位。位数过长会增加录入时间且容易出错。对企业的产品加以定义,称为"项目"。所谓项目,可以定义为一种产品、一个部件或者一个零件,有时也可以将原材料、消耗品等定义为项目。由于管理习惯和数据描述方面的差异,许多系统不将原材料、消耗品等定义为项目,而是将其归入物料供应子系统进行集中管理。产品定义数据是企业管理信息系统中最基本的数据集合,企业的每一种产品、部件或零件都有唯一的定义和数据描述,如项目号、项目名称、类型(产品、部件、零件、标准件等)、计量单位、批量、安全库存、提前期(安全提前期)、制造或采购代码、存放位置、低层代码、工艺路线号、所用材料标准及价格等。

物料编码应遵循以下原则:每种物料都应有唯一的编码;编码要简明,不要太长;编码没有含义,属于知识标识符而不是描述符。

(二) 产品结构数据

产品结构数据用以定义产品的结构,描述产品、部件、零件之间的装配关系与数量要求,一般称为物料清单。物料清单是企业最核心的数据,生产部门要根据物料清单生产产品,仓储部门要根据物料清单发料或送料,财务部门要根据物料清单计算成本，销售部门要根据物料清单确定价格，质量部门要根据物料清单检验质量，计划部门要根据物料清单制订计划，等等。物料清单描述产品、部件、零件之间的装配关系与数量要求。关于产品结构在计算机中的描述方式，将在产品结构及零件清单中做介绍。因此，物料清单必须完整和准确。

物料清单是产品结构文件，它不仅要列出某一产品的所有构成项目，而且要指出这些项目之间的结构关系，即从原材料到零件、组件直到最终产品的层次隶属关系。每个制造业企业都有物料清单。在化工、制药和食品行业，可能称其为配方、公式或包装说明，但说的都是同样的事情，即如何利用各种物料来生产产品。

物料清单是 ERP 系统进行物料需求规划的基础，同时也是编制生产与采购计划、配套领料、跟踪物流及生产过程、追溯任务来源、计算成本、投标报价、改进产品设计等需要参照的重要文件。以上各项业务涉及企业销售、计划、生产、供应、库存、成本、设计、工艺等部门，物料清单如同一个管理枢纽，把企业各个业务部门通过物料有机地联系在一起。因此，企业所有主要业务部门都要使用，并依据统一的物料清单进行工作。

物料清单中建立的产品结构是产销排程、物料需求计算的依据，通过在物料清单中建立产品的特性件、选用件，可为销售接单提供更多、更灵活的选择。工程变更是通过物料清单的改变来体现其变更结果的。物料清单能够为委外管理、生产订单管理提供领料依据，也能够为采购管理提供物料采购的依据。通过卷叠成本的计算，可以得到产品的标准成本，是成本会计进行内部成本管控的依据。

在建立物料清单之前，应在系统中建立料品的基本资料，如料品代号、料品名称、供应形态、供需政策、需求运算、规划类型、标准成本等。需要特别说明的是，料品的供应形态将对其在产品结构中的层级有所限制。

（1）供应形态是成品件的料品，在产品结构中只能处在最高阶，即只能是母件。

（2）供应形态是采购件的料品，在产品结构中只能处在最低阶，即只能是子件。

（3）供应形态是自制件或委外件的料品，在产品结构中处在中间层级，即这些料品既可以作为某一料品的子件，也可以作为另一料品的母件。

（三）加工工艺数据

工艺路线是说明各项自制件的加工顺序和标准工时定额的文件，也称为加工路线。工艺路线是一种计划文件而不是工艺文件。它不详细说明加工技术条件和操作要求，而主要说明加工过程中的工序顺序和生产资源等计划信息。工艺路线是说明零部件加工或装配过程的文件。在 MRP 系统中，工艺路线要根据企业常用的工艺过程卡来编制。

工艺路线文件主要包括以下数据项：工序号、工作描述、所使用的工作中心、各项时间定额（如准备时间、加工时间、传送时间等）、外协工序的时间和费用等。还要说明可供替代的工作中心、主要的工艺装备编码等，作为发放生产订单和调整工序的参考。

工艺路线是重要的文件，它代表一项作业在工厂里的运动方式。如果说物料清单用于描述物料是按怎样的层次结构连在一起的，那么工艺路线则是描述制造每一种物料的生产步骤和过程，并且用于确定详细的生产进度。

工艺路线的作用包括以下几个方面。

(1) 计算加工件的提前期，提供运行 MRP 的计算数据。系统根据工艺路线和物料清单计算出最长的累计提前期，这相当于网络计划中关键路径的长度。企业的销售部门可根据这个信息与客户洽谈交货期限。

(2) 提供能力需求计划的计算数据。系统根据工艺路线文件中每个工作中心的时间定额、工序的开始和完工日期，计算每个时区工作中心的负荷。

(3) 提供计算加工成本的标准工时数据。

(4) 跟踪在制品。

编制工艺路线是在工艺过程卡的基础上进行的，但是它们之间是有区别的，具体如下。

(1) 除说明工序顺序、工序名称、工作中心代码及名称外，MRP Ⅱ 系统的工艺路线还把工艺过程和时间定额汇总到一起显示。制定工时定额与编制工艺在同一部门进行。工艺人员掌握时间定额，有助于分析工艺的经济合理性。

(2) 除列出准备时间和加工时间外，工艺路线还列出传送时间（含等待时间）。

(3) 工艺路线中列出的准备时间和加工时间标准定额是用来计算标准成本的，再除以相应的工人数，才是真正的准备时间或加工时间的跨度，也是占用工作中心的时间，作为能力计划计算负荷用，再连同传送时间、排队时间作为编制计划进度的依据。

(4) 工艺路线中每道工序对应一个工作中心，说明物料的形成与工作中心的关系，也用来说明工作中心负荷是由加工哪些物料形成的。

(5) 工艺路线中包括外协工序、外协单位代码和外协费用。外协工序的时间可记入工序的传送时间字段中。

（6）除了说明基本的工艺路线外，还要说明各种可能替代的工艺路线，便于在调整计划或主要工艺路线上的设备出故障时替代。替代工艺路线可通过编码来识别。若工艺路线比较定型，且使用同一类型工艺路线的零件比较多时（如成组加工），也可对典型的工艺路线进行编码，利用软件的复制功能，简化数据录入。此外，与定义物料一样，也要说明工艺路线的有效期。

（四）工作中心（能力资源）数据

工作中心是用于生产产品的生产资源，包括机器、人和设备，是各种生产或能力加工单元的总称。工作中心属于能力的范畴，即计划的范畴，而不属于固定资产或者设备管理的范畴。一个工作中心可以是一台设备、一组功能相同的设备、一条自动生产线、一个班组、一块装配面积或者是某个生产单一产品的封闭车间。对于外协工序，其对应的工作中心则是一个协作单位的代号。

除此之外，工作中心还可以反映成本范畴的概念。在一个加工件的工艺路线报告中，一般每一道工序对应一个工作中心，但也有例外情况，也可以几道连续工序对应同一个工作中心（这种情况往往出现在装配工作中心）。工件经过每一个工作中心都要发生费用，产生成本。这可通过工作中心的成本数据和工艺路线中相应的工时定额来计算。

工作中心的作用包括以下几个方面。

（1）工作中心是平衡任务负荷与生产能力的基本单元。运行能力需求计划时以工作中心为计算单元。分析能力需求计划执行情况时也是以工作中心为单元进行投入/产出分析的。

（2）工作中心是车间作业分配任务和编排详细进度的基本单元。派工单是按每个工作中心来说明任务的优先顺序的。

（3）工作中心是计算加工成本的基本单元。计算零件加工成本，是以工作中心数据记录中的单位时间费率（元/工时或台时）乘以工艺路线数据记录中占用该工作中心的时间定额得出的。

（4）工作中心是车间作业计划完成情况的数据采集点，也用作反冲的控制点。

工作中心的表现形式是一台或多台功能基本相同的机器设备、一名或多名类型基本相同的生产作业人员、一个或多个作用基本相同的作业场地，也可能是这些设备、人员和场地的组合。在 ERP 系统中，工作中心既是一种基本的生产作业手段，也是一种基本的生产作业组织，还是一种生产作业的管理方式。

工作中心是一种基本的生产作业手段，也就是说，工作中心是一种生产作业单元。这是工作中心的本质特点。在整个生产作业过程中，工作中心是改变或计量物料的物理形状、化学性质和空间位置的主要手段。从这个意义上来看，工作中心可以是一台或多台机器设备、仪器仪表或运输工具。但是，基于工艺路线、作业计划以及成本核算的要求，一个工作中心只能是一种功能基本相同的生产作业单元，不应该是多种不同功能的作业手段的混合。

工作中心是一种基本的生产作业组织，也就是说，工作中心是一种生产作业组织单元。一般的，生产作业是由人控制和操纵生产作业手段来完成的，工作中心也包括生产作业人员。即便是高度自动化的流水加工或装配线、机器人和数控加工中心设备，也离不开编程人员、控制人员和操作人员。从组织的角度来看，工作中心既可以是一名作业人员，也可以是多名作业人员；既可以是生产作业班组，也可以是生产作业的工段、车间，甚至还可以是分厂。但是，生产作业组织单元过粗或过细都是不合适的。如果生产作业组织单元过粗，势必包含多种功能不同的作业手段，这时很难充分发挥生产作业组织的能力，生产作业计划也很难达到准确和精细的程度。如果生产作业组织单元过细，则可能使得生产作业计划经常处于不稳定状态。生产作业组织单元的大小应该与企业的工艺布局相关，对于那些按照工艺布局的企业来说，由于功能相同的机器设备布置在相同的位置，这时生产作业组织单元应适当大一些。对于那些按照产品布置工艺设备的企业来说，生产作业组织单元应该小一些。

工作中心是一种生产作业的管理方式，甚至可以说，工作中心是一种基于ERP系统的管理单元。工作中心在完成一项作业任务的同时，也产生了作业成本。从管理的角度来看，工作中心是生产作业计划任务中的执行单元，是生产作业成本的核算单元，是生产作业数据的采集点。如果工作中心划分得精细，成本核算单元就越精细。

工作中心的合理性是实现ERP系统管理的重要内容。为了合理地确定工作中心，应遵循以下原则。

原则一，按照企业机器设备的合理布局，确定工作中心。

原则二，工作中心划分应该尽可能精细。

原则三，按照机器设备功能的相同或相似性，可以把这些机器设备合并成一个大的工作中心。

原则四，生产作业班组应该按照工作中心来设置，可以考虑把工作中心作为一级组织来管理。

(五) 工具数据

(1) 基本数据。基本数据如工作中心代码、名称和所属车间部门代码。工作中心代码的字段一般为6~8位，依软件而定。规定字段含义的方法很多,如可按工作中心的类型、所在位置(如厂房的行跨)和顺序来编码。

(2)能力数据。能力数据如工作中心每日可提供的工时或台时数(或每小时可加工的件数、可生产的吨数)、是否为关键工作中心、平均排队时间等。工作中心额定能力的计算公式如下:

工作中心额定能力 = 每日班次 × 每班工作时数 × 工作中心效率 × 工作中心利用率

其中:

$$工作中心效率 = \frac{完成定额工时数}{实际投入工时数}$$

$$工作中心利用率 = \frac{实际投入工时数}{计划工时数}$$

工作中心效率和工作中心利用率这两个因素是为了使工作中心的可用能力更符合实际,从而使计划和成本也更加符合实际。在设置这两个参数时,可按照它们在计算中的逻辑关系灵活运用。当设备的自动化程度较高,可以连续全日运转,或一个人可同时操作多台设备时,往往用台时作为工作中心能力的单位。反之,则以工时作为工作中心能力的单位。换句话说,采用什么单位,取决于对能力形成约束的是设备台数还是工人数量。

工作中心效率说明实际消耗工时或台时与标准工时或台时的差别,与工人的技术水平或机床的使用年限有关,可以大于、等于或小于100%。

工作中心利用率与设备的完好率、工人的出勤率、任务的饱和程度以及自然休息时间有关,是一种统计平均值,通常小于100%。我国现行劳动定额中的自然休息时间,在MRPⅡ系统中是作为工作中心利用率来处理的。工作中心利用率还有期望负荷（负荷不宜过高，或留有余地）的含义，起调整能力计划的作用。

工作中心的能力应当是能持续保持的能力，要稳定可靠。前文所说的额定能力（Rated Capacity），是一种预期的能力。额定能力要对比历史上某个有代表性时期的能力的统计平均值［可称之为纪实能力（Demonstrated Capacity）］进行修正，如修订效率或利用率，并确定允许偏差。运行能力计划有时要根据计划期内工作中心的具体情况做必要的调整［调整后的能力称为计划能力（Planned Capacity）］，然后再与需用能力（Required Capacity）进行对比。为了说明工作中心的理想能力，有时也要标明最大能力（Maximum Capacity）。

（3）成本数据。成本数据如使用工作中心每小时发生的费用，称为费率。工作中心的直接费用包括能源（电、气、水、汽等）、辅助材料（如乳化液、润滑油）、折旧费、维修费、操作人员工资及附加工资等，凡是可以归入具体工作中心的费用，均按小时消耗、年度平均消耗，或将工作时数折算成小时费率。可用人工小时（元/工时）或机器小时（元/台时）计算费率。

$$工作中心费率 = \frac{在工作中心发生的所有费用之和}{发生费用的持续小时数}$$

如果加工件的间接成本是以人工成本为基准分摊的，那么还要规定每个工作中心的间接费率。一般是工作中心费率的一定比例（通常 >100%）。

（六）工厂日历

工厂日历也称生产日历，说明企业各部门、车间或工作中心在一年中可以工作或生产的日期。有些软件将英文 Shop Calendar 直译为车间日历，容易被误解为仅车间使用的日历。常规日历的月份天数参差不齐，假日也不规则，使得计划安排很不方便。因此，计划所使用的日期标识要使用特别编排的日历，即工厂日历（或工作日历）。

　　MPS 和 MRP 展开计划时，要根据工厂日历，非工作日不能安排任务。系统在生成计划时，遇到非工作日会自动越过。工厂日历要标明休息日、节假日、设备检修日等非工作日期，并能调整工作中心在不同日期的能力，如周末或第三班加班。软件应能允许用户自行设置多种工厂日历，赋以代码，用于各公司、各工厂、不同车间（如受供电、供水的限制，公休日不同）、不同工作中心（如设备检修），甚至成品发运涉及的运输航班，必须能区别对待不同的需求。

　　不同的工作中心因生产任务不同、加工工艺不同而受不同的条件约束，因而可能会设置不同的工厂日历。工厂日历是确定开工日期、完工日期的依据，是计算工作中心产能负荷的日期基础，同时也是考勤计算的依据。

二　物料清单

（一）物料清单

　　物料清单（BOM）是指产品所需的零部件明细及其结构。在 MRP Ⅱ 中，"物料"一词有着广泛的含义，它是所有产品、半成品、在制品、原材料、毛坯、配套件、协作件、易耗品等与生产有关的物料的统称。采用计算机辅助企业进行生产管理，首先要使计算机能够"读出"企业所制造的产品的构成和所有要涉及的物料，为了便于计算机识别，必须把用图示表达的产品结构转化成某种数据格式，这种以数据格式来描述产品结构的文件就是物料清单。

为了便于计算机管理和处理，BOM 必须具有某种合理的组织形式；为了便于在不同的场合下使用 BOM，BOM 还应有多种组织形式或格式。

BOM 是 MRPⅡ系统中最重要的基础数据，其组织格式的设计合理与否直接影响到系统的处理性能。因此，根据实际的使用环境，灵活地设计合理且有效的 BOM 十分重要。

BOM 不仅是 MRP 重要的输入数据，而且是财务部门核算成本、制造部门组织生产的重要依据，因此，BOM 的影响面最广，对它的准确性要求也最高。采取有力措施，正确使用与维护 BOM 是系统运行期间十分重要的工作，必须引起足够的重视。

BOM 是关于制造件和外协件产品设计的模型。在简单的制造环境下，产品设计可通过单层 BOM 描述，单层 BOM 中只存在一个母件及其物料子件。在比较复杂的环境下，产品设计需要采用多层 BOM，这样才能反映不同的生产阶段。共用数据库中的 BOM 信息，可用于产品成本核算、物料计划、物料使用报告、批号追踪、差异分析和追踪生产阶段进展情况。

制造件的 BOM 信息，必须反映现行的产品设计和工艺设计，现行的设计会影响分配给组件的工序顺序、组件的有效日期和定义计划损耗率的方法。例如，计划损耗率可按工序产出率或组件损耗率来定义。计划损耗率的定义方法，取决于 ERP 系统采用何种方法定义 BOM 这一更大的问题，ERP 系统通常采用两种定义 BOM 的基本方法。这两种方法可分别称为以工序为中心的方法和以物料为中心的方法。

BOM 描述了从产品组装件、子件、零件直到原材料的结构关系，以及每个组装件所需的下属零部件的数量。BOM 可以用一种树状结构表示，也称产品结构树。图 4-1 是一个二级 BOM 结构,表示产品 J 由 1 个 M 和 2 个 P 组成,J 和 M 的提前期均为 1 周,P 的提前期为 4 周。BOM 也可以表示为表格形式,见表 4-1。

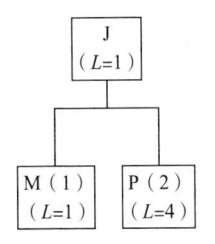

```
        J
      (L=1)
      /    \
   M(1)    P(2)
   (L=1)   (L=4)
```

图 4-1 产品结构树

表 4-1 BOM

零件代码和层次			每一组装件需要的数量(个)	前置时间(周)
0	1			
J				1
	M		1	1
		P	2	4

BOM 的作用如下。

(1) BOM 是生产 MRP 的基本信息,是联系 MPS 和 MRP 的桥梁。

(2) BOM 是总工艺路线生成的基础。

(3) BOM 是生成计划的依据。

(4) BOM 是采购外协加工的依据。

(5) BOM 是生产备料的依据。

(6) BOM 是成本核算的依据。

(7) BOM 是制定销售价格的依据。

(8) BOM 是物料追溯的基础。

（9）BOM 可以使系统识别产品结构。用计算机辅助管理，首先要使系统能够"读出"企业制造的产品结构和涉及的所有物料。为了便于计算机识别，必须把用图表达的产品结构转换成数据格式，这种用数据格式来描述产品结构的文件就是 BOM。BOM 与产品结构图所说明的内容是一致的。

（10）BOM 是联系与沟通企业各项业务的纽带。BOM 是运行 MRPⅡ 系统的主导文件，企业各个业务部门都要依据统一的 BOM 进行工作。它是接受客户订单、确定装配所需可选件、计算累计提前期、编制生产与采购计划、配套领料、跟踪物流及生产过程、追溯任务来源、计算成本、投标报价、改进产品设计的"三化"（标准化、系列化、通用化）工作等都需要参照的重要文件。不难看出，上述各项业务涉及销售、计划、生产、供应、物料、成本、设计、工艺等部门。BOM 体现了数据共享和信息集成。

因此，在所有基础数据中，BOM 的影响面最广，对它的准确性要求也最高。对于一个 A 级 MRPⅡ 企业来说，BOM 的准确度应当接近 100%。BOM 如果不准确，运行 MRP 的结果会完全失去意义。建立 BOM，从表面上看似乎会给企业的某些部门增加工作量，但从企业管理整体来看，将减少各个部门在查询、统计、传递和复制报表等方面的大量工作。在 MRPⅡ 系统与 CAD 接口的情况下，可以在设计图纸的基础上，经过适当补充调整，转换成制造用的 BOM，以减少大量的重复工作。

（二）虚拟件

BOM 中零件、部件的层次关系一定要反映实际的装配过程。有些图纸上的组装件在实际装配过程中并不一定出现，在 BOM 中称为虚拟件（Phantom）。例如，储罐的吊耳是由一个弧形板和一个带孔的板组成的，设计图纸上把这两个部件焊在一起称为"吊耳组件"，但在实际焊装时，要先将弧形板焊在罐体上，然后再将带孔的板焊在弧形板上，并不先形成一个所谓的"吊耳组件"。这种出现在图纸上但不出现在实际加工过程中的"吊耳组件"在 BOM 中就是一种虚拟件。因此，BOM 要由既熟悉设计又熟悉制造工艺的专门人员来建立。

　　为了简化产品结构管理，常引入"虚拟件"的概念。虚拟件表示一种并不存在的物品，在图纸上与加工过程中都不出现，属于"虚构"的物品。它的作用主要是：作为产品结构中的一种过渡件；可以用于代表一组、一系列、一种属性或者一类规格的物料；在一个可选物料的基本组件里（产品结构呈模块化），也就是特征件，也可以用虚拟件描述，虚拟件是库存中不存在的物料。

　　虚拟件是建立 BOM 经常用到的一种说明产品结构的形式。它可以出现在产品结构的任意一层，用物料类型来标识，通常用于以下几种情况。

　　（1）虚拟件作为一种过渡件，在实际制造过程中并不形成物料，这是"虚拟件"的原始含义。可以说，设置虚拟件是为了处理设计图纸和制造工艺之间的差异。这种类型的虚拟件提前期为零，一般无须存储，只有虚拟件的子件才涉及出入库问题。

　　（2）虚拟件代表一组规格和数量完全相同的物料。如某一电器系列产品，产品的不同印刷线路板上都有一部分规格和数量完全相同的电器元件，可以用一个代表件表示这部分相同的电器元件，以简化库存发料和计划处理的工作量。这样的代表件也是一种虚拟件。这种类型的虚拟件也无须加工，提前期同样为零，但是它可以有库存。软件在处理虚拟件的库存问题上，应当允许用户自行定义。

虚拟件表示一种并不存在的"虚构"的物料，在图纸上与加工过程中都不出现。MPS/MRP 系统可以通过虚拟件直接展开到该虚拟件的子件，就好像这些子件直接连接在该虚拟件的母件上一样。采用虚拟件只是为了达到一定的管理目的，可以作为共用件，让 BOM 比较容易维护，减少资料量或缩短计算机运作时间；也可以作为计划用料号，供预测和计划之用。

如某类产品，其共用部分的子件较多，则可将这些共用部分的子件合称为虚拟件，编出物料代号。只要先建立其 BOM 表，该类产品就可用虚拟件（事实上并不存在），再附加各差异部分的料件，逐一定义。

虚拟件可用于组合采购、组合存储、组合发料，这样，在处理业务时，计算机查询时只需要对虚拟件进行操作，就可以自动生成实际的业务单据，甚至也可以查询到它的库存量与金额，但存货核算只针对实际的物料。必须说明的是，虚拟件不存在任何提前期。在对虚拟件的 MRP 展开时，只会根据虚拟件的 BOM 构成，计算下一级子件的计划需求量，而虚拟件对计划的需求时间毫无影响。从这层意义上理解，就好像跳过了虚拟件这一层，直接计算下一层的计划需求量。

如图 4-2 所示，如果对 J 产品 BOM 的定义采用左图的方式，那么 M 和 P 下的子件 X、Y 的 BOM 文件定义过程会重复，工作量会增大，并且数据库的存储空间也会增加。而采用右图的定义方式，增加一个"虚拟件"物料 A，并定义 A 的 BOM 文件，就可以达到简化 BOM 的目的，特别是在多个 BOM 中有大量的相同子件重复出现，这种定义方式的优越性就更加明显。另外，如果当虚拟件的子件发生工程改变时，只影响到虚拟件这一层，不会影响此虚拟件以上的所有父项。

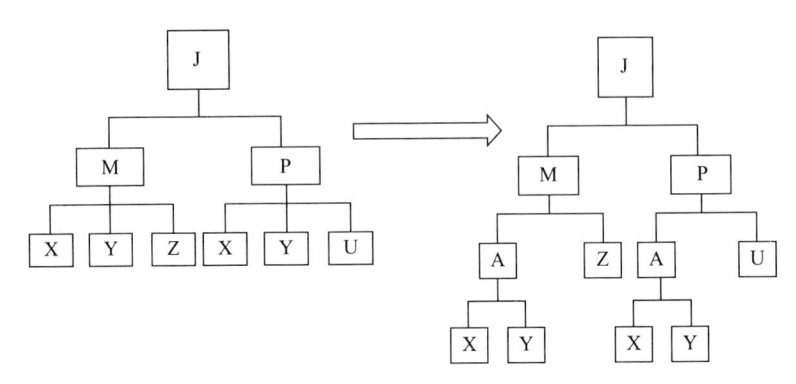

图 4-2　BOM 中的虚拟件

因此，虚拟件是一系列物料的逻辑上的（而非功能性的）集合。从产品设计的观点来看，这些物料被集中在一起形成一个装配件；从生产的角度来看，这些物料并不被实际地装配成一个物理上的个体。建立母件的 BOM 时，可以指定其子件是否为虚拟件。

在 ERP 系统中，还设置了反查表。反查表与 BOM 相反，它是自底向上，把产品结构中最底层与最终产品连接起来。一般分为单级反查、多级反查以及末项反查。

单级反查自底向上扫描一级产品结构，列出使用一个零件的每一个父项。这类反查常用于确定一个零件（组件）变化后，哪些物料受影响。计划人员可以用单级反查表来辨识因零件（组件）推迟交货或损坏而受影响的装配件。

多级反查向上扫描产品结构的每一层，一直到末项（BOM 中最顶层项）。它提供了了解父项以及所需组件的一种方法。其用途与单级反查类似。

末项反查仅仅列出使用某个零件的那些末项（BOM 中最顶层项）。

第 5 章　能力需求计划

一　能力需求计划的概念

物料需求计划的对象是物料，物料是具体的、形象的和可见的。而能力需求计划（Capacity Requirements Planning，CRP）的对象是能力，能力是抽象的，且随工人效率、人员出勤率、设备完好率等而变化。CRP 把 MRP 的物料数量转换为标准负荷小时，把物料需求转换为能力需求，把 MRP 的计划下达生产订单和已下达但尚未完工的生产订单所需的负荷小时转换为每个工作中心各时区的能力需求。

CRP 模块是闭环 MRP 和 MRP Ⅱ 软件中的一个重要组成模块。在前文的主生产计划中曾提到需要进行粗能力需求计划或粗能力平衡，但此时只需对最终产品的生产能力和关键或瓶颈工序做粗略的能力计算，目的是找出瓶颈资源，以便对计划进行调整或采取必要的措施，生成大体可行的主生产计划。此时对设备和人员工时的计算不可能很细。

在粗能力平衡之后，长期的计划基本上调整完毕，此时就需要进行较细致的短期计划编制工作。根据 MRP 计算出的物料需求量，分阶段、分生产单元计算出设备负荷和人员负荷，进行瓶颈预测，调整生产负荷，做好生产能力与生产负荷的平衡工作。根据反复进行的能力与负荷平衡结果，制定CRP。CRP的运行能保证充分利用设备和人力，缩短加工等待时间，并能为生产管理人员提供能力与负荷信息供决策时参考。

有人用"无限能力计划方法"来解释能力需求计划，这是不确切的。MRP系统只是在暂不考虑能力约束、不限制负荷的情况下，编制各种物料的优先级需求计划，目的是尽力满足客户的交货期要求。没有优先级需求计划，工作中心负荷的顺序将无所依从。若优先级低的物料在某些时段占用了某个工作中心，很可能会导致优先级高的物料在该时段出现能力不足的现象。因此，必须先有优先级计划，能力计划才有意义。能力计划的调整对不同能力单元的难易程度是不同的：增添设备、外协加工、招聘工人都要提前安排，而加班加点、厂内其他部门支援就可能容易些。我们应当运用MRP中系统的模拟预见功能，及早发现问题并采取解决措施，争取主动。

CRP不仅要处理好超负荷问题，而且要处理好低负荷问题，以提高企业能力资源的利用率。CRP还能对企业的技改规划提供有价值的信息，找出真正的瓶颈问题，是一种非常有力的计划工具。

二 能力需求计划的制订方法

（一）无限能力计划

无限能力计划不考虑实际能力是否有限制，将各车间或各加工单元的计划负荷进行相加，找出超负荷和欠负荷，对超过的负荷进行调整。负荷调整的策略有延长工时、使用替代加工、转移负荷、做出外购或外协决策等。如果以上各项措施均无效或无法实施，则不得不延期交货。负荷与能力平衡工作是反复进行的，直至得到较为满意的计划方案为止。大多数生产管理软件都是按照这种方法设计的。

(二) 有限能力计划

有限能力计划是按优先级将任务分配给各个加工单元，当超负荷时，就将优先级低的任务推迟。这种方法由于按优先级分配负荷，所以不会超负荷，可以不做负荷调整。

能力需求计划要解决的问题如下。

各种物料经过哪些工作中心进行加工？

各个工作中心的可用能力是多少？负荷是多少？

工作中心各个时段的可用能力与负荷是多少？

CRP 的运算过程是根据 MRP 和各种物料的工艺路线，对在各个工作中心加工的所有物料计算出加工这些物料在各个时段占用该工作中心的负荷小时数，并与工作中心的能力进行比较，最后生成 CRP。CRP 中的能力是指在一定条件下，单位时间内企业能持续保持的最大产出。

在 MRP 系统中，有以下两类能力计划。

1. 粗能力需求计划

把关键工作中心的负荷平衡称为资源需求计划，或称为粗能力需求计划 (Rough Cut Capacity Planning, RCCP)，它的计划对象为独立需求件，主要面向的是主生产计划。对主生产计划的改变进行有效的管理是 MRP 系统中最富挑战性和最困难的工作之一。有效的方法是正确评估计划改变可能产生的影响并找出问题所在。这是通过制订粗能力需求计划来实现的。粗能力需求计划的处理过程是将主生产计划转换成对相关工作中心的能力需求。粗能力需求计划要忽略某些基本信息，以便简化并加快能力计划的处理过程。

粗能力需求计划使用某些有代表性的工艺路线，是一个近似的能力计划。通常，企业要根据与粗能力需求计划相关的主要资源的情况来批准主生产计划。

根据主生产计划来运行粗能力需求计划，对于评估主生产计划的变化是一个有价值的工具。此外，在某些企业中，备用件构成企业全部资源的重要部分。因此，当评估主生产计划的改变所产生的影响时，备用件的需求应包括在粗能力需求计划中。

粗能力需求计划所用的代表工艺路线将主生产计划项目和生产产品所需的关键工作中心联系起来。代表工艺路线应当包括工作中心标识符、所需工时数、模具数以及主生产计划中指出的完成日期的差异。

由主生产计划通过代表工艺路线按日期产生粗能力需求。以周或月为时区将这些粗能力需求汇总，并显示粗能力需求计划图。

粗能力需求计划为评估主生产计划所产生的能力需求提供了一个粗略的方法。如果一份计划是不现实的，或一项变化对资源或关键设备产生重大超量需求，则都能从粗能力需求计划中清晰地反映出来。

粗能力需求计划的报告格式与能力需求计划的报告格式相同，要表明资源代码并描述时区日期、在一个时区内总的能力需求以及总的能力可用量。

为了有效地解决粗能力需求计划的问题，需要提供一种方法来识别能力需求的来源，最简单的方法是提供一个报告或屏幕显示，表明在每个时区引起需求的具体的产品族或主生产计划订单。

如果粗能力需求计划的计算表明存在能力或资源的短缺，那么在批准主生产计划之前，必须解决这一问题，或者提高能力或增加资源，或者调整主生产计划。如果必须调整主生产计划以协调资源短缺，那么这种调整一定要反映在最后的主生产计划中。

粗能力需求计划的作用就是对实施主生产计划所需的一些关键性资源进行快速检查，以便在加工能力方面确保 MPS 的可行性。因此，在粗能力需求计划中，BOM 与 MPS 中每一个产品相对应。BOM 说明了生产一个单位的某产品所需的各关键设备和人力资源量。这里不考虑库存，而且仅用对应的 BOM 来扩展 MPS，用这种方式来确定 CRP。通过这项技术，可以确定 MPS 或主生产计划对关键（或全部）资源如人力、机器、生产成本、运输成本和库存水平等的影响。

如果粗能力需求计划检查出 MPS 不可行，那么应该修改或替换 MPS，或增加资源供应来满足 MPS 的要求。

2. 细能力需求计划

把全部工作中心的负荷平衡称为能力需求计划，或称为细能力需求计划，它的计划对象为相关需求件，主要面向的是车间。由于 MRP 和 MPS 之间存在内在的联系，所以粗能力需求计划与能力需求计划之间也是一脉相承的，而后者正是在前者的基础上进行计算的。同主生产计划相伴运行的能力计划是粗能力需求计划。

粗能力需求计划是一种计算量较小，占用计算机机时较短，比较简单、粗略、快速的能力核定方法，通常只考虑关键工作中心及相关的工艺路线。关键工作中心在工作中心文件中被定义后，系统会自动计算关键工作中心的负荷。运行粗能力需求计划可分两个步骤：第一步，建立资源清单，说明每种产品的数量及各月占用关键工作中心的负荷小时数,同时与关键工作中心的能力进行对比;第二步,在产品的计划期内,进一步确定超负荷的关键工作中心负荷出现的时段。配合主生产计划运行的粗能力需求计划是一种中期计划,因此一般仅考虑计划订单和确认订单,而忽略在近期正在执行的和未完关键工作中心负荷的订单,也不考虑在制品库存。关键工作中心的能力/负荷报表,通常用分时段的直方图表示,时段的长度与主生产计划一致。对超出工作中心可用能力的负荷,在直方图上用特殊的方式表示。能力与负荷之间有了矛盾必须调整,众所周知,超出能力的任务是不可能完成的。调整后主生产计划由主生产计划员确认,确认后的 MPS 作为 MRP 运行的依据。

有些情况,如企业只有一条装配流水线,只需以它为关键工作中心,运行粗能力需求计划,不再需要运行能力需求计划。要意识到做好粗能力需求计划是运行能力需求计划的先决条件,会减少大量反复运算能力需求计划的工作。平衡关键工作中心能力/负荷时,首先要核实需求是否符合优先级的原则。不要把不急需的物料提前加工。要保证关键工作中心的设备完好率,使其有可能满负荷运行。对送往关键工作中心的物料必须事先经过检验,不要加工不合格的毛坯或工件,浪费关键工作中心资源。同时,又要保证关键工作中心有一定的缓冲物料,不发生停工待料现象。要及时采集关键工作中心的数据,掌握其运行状况。

三 能力需求计划的来源

(一) 已下达车间订单

已下达车间订单是指已确认或已下达车间的订单,它占用了一部分能力,其能力平衡在前一阶段已经完成,所以在编制能力需求计划时必须从工作中心的定额能力中扣除。由此可计算出工作中心可用能力。

工作中心可用能力 = 工作中心额定能力 - 已下达车间或已确认计划订单对现有能力的占用

(二) ERP 计划订单

ERP 计划订单是 MRP 输出的尚未确认或释放的订单,它将占有工作中心的能力。

(三) 工艺路线文件

工艺路线也称工艺流程或加工路线,工艺路线文件是描述某一项目加工方法及加工次序的文件。

工艺路线文件与传统的工艺过程卡不同,MRP 系统中的工艺路线文件不是一个纯技术文件,而是一个主要用于计划编制的管理文件。所以,其中并不详细说明加工作业的各项具体技术条件和操作要求,而主要说明的是实际加工和装配的工序顺序,包括加工工序描述、工序顺序、每道工序使用的工作中心、定额时间(准备时间和加工时间)、外协工序的时间和费用、主要的工具或工艺装配、可替换工序、可替换工作中心等。

一般来讲,工艺路线文件由工序组成,而每道工序都对应一个工作中心。所以,工艺路线的编制是在工作中心确定后进行的。

工艺路线的作用如下。①提供能力计划的计算依据。工序消耗工作中心的能力,系统根据工艺路线文件中工序占用工作中心的定额工时以及工序开始和完工日期,计算各个时段工作中心的负荷。②计划排程的计算依据。③提供计算加工成本的标准工时数据。④跟踪在制品。

对工艺路线数据准确性的要求和物料清单一样，也应在98%以上，如果工序顺序错误、工时定额不准，必将直接影响MRP和CRP的运算结果，造成生产订单过早或过迟下达，或下达数量不准确。如果一项作业出现在发到某部门的派工单上，而事实上该作业并不在该部门，或一项作业在该部门却不在发来的派工单上，工艺路线都可能是错误的根源。工艺路线错误还会引起工作中心负荷不均衡、在制品积压、物流不畅以及加工成本计算错误等问题。通过计算每周下达到车间的工艺路线数和每周工长反馈的错误路线数，可以测出工艺路线的准确度。

对许多企业来说，MRP投入运行之前的一个极大的障碍就是校正工艺路线。大多数工艺路线文件与80/20原理相符，即80%的活动发生在20%的工艺路线上。如在安装MRP之前要将所有的工艺路线进行校正，这对许多企业来说是困难的，然而在MRP的帮助下，便有了切实可行的办法。

工艺路线和物料清单一样，通常由工程设计部门负责建立和维护，如所使用的工作中心、设备安装时间、单件生产时间定额等均由工程设计部门确定。同时，应经常比较实际工作和工艺路线的执行情况，对生产过程进行详细审核。有多种原因可引起工艺路线的变更，如产品和生产过程可能改变，设备安装时间和单件生产时间标准可能需要根据新的操作数据加以调整，新的产品和新的组件可能需要新的工艺路线，等等。

工艺路线由工程设计部门建立和维护，由生产部门使用。当MRP投入运行之后，可以让工长根据派工单随时报告所发现的工艺路线错误，从而不断对工艺路线加以维护。对于工艺路线的变更，应由两个部门协商进行。

（四）车间日历

车间日历是用于编制计划的特殊形式的日历，与社会日历具有一一对应关系，它排除了休息日、节假日、设备检修日等非工作日期。

（五）工作中心文件

工作中心文件包含计算工作中心能力所需的信息，包括工作中心号、工作中心描述、每班可用机器数（或操作人员数）、工作中心利用率、工作中心效率、每班排产小时数、每天开动班次、工作中心一般排队时间、单位工时成本、单位台时成本、单位时间管理费等内容。

四　编制能力需求计划的步骤

编制能力需求计划的过程就是把物料需求计划订单换算成能力需求数量，即根据物料需求计划和工艺路线文件，求出生产这些物料在各个时段要占用某一工作中心的负荷小时数，再与工作中心的能力进行比较，生成能力需求报表。

（一）编制工序进度计划

在这一步中需要确定每道工序的开工与完工日期。可以采用倒序编排法和正序编排法两种方法。其中，为了以时间倒排的方式编制工序计划，从订单交货期开始，依次减去移动、加工、准备和排队时间来确定工艺路线上各工序的开工日期。这种编制计划的方法称为"倒序排产"。正序编排法和倒序编排法的原则一致，其差别是，在"正序排产"时，把当前日期作为首序的开工日期来下达订单，则当前日期是剩下工序的首序开始时间。但"正序排产"容易出现的问题是完成日期会落到查出 MRP 系统所确定的完成日期之外。为了避免这一点，可以采取减少工序间隔时间，或采取分批、交叉作业等方法。

编制负荷表包括两个部分：编制工作计划和按周期累计负荷。

编制工序计划有三个步骤。

（1）从订单、工艺路线和工作中心文件得到信息。从已下达的订单文件中获得订货量和交货期；从工艺路线文件中获得工序次序、工作中心号、准备时间和加工时间；从工作中心文件中获得排队时间和移动时间。

（2）计算负荷。为了计算每道工序和每个工作中心的负荷，需要从工艺路线文件中得到单个零件每道工序的定额工时，再从订单文件中得到生产数量，用生产数量乘以定额工时，最后对每道工序加上标准准备时间。

（3）计算每道工序的交货日期和开工日期。用交货日期减去移动、加工、准备和排队时间所需天数，从而得到订单达到加工该零件第一道工序的工作中心的工作日期。为了编制计划，可以把平均加工时间和准备时间以天为单位存储在工艺路线文件中，用每天计划工时乘以工作中心利用率和工作中心效率得到每天可用标准工时数。

（二）编制负荷图

编制的能力需求计划指明了工作中心的负荷情况，如负荷不足、负荷刚好或超负荷。存在的问题是多种多样的，有在主生产计划阶段产生的问题，也有在物料需求计划阶段存在的问题，还有工作中心和工艺路线方面产生的问题。具体问题要具体分析研究，确认产生各种具体问题的原因，从而寻求解决问题的方法。

在这一步中需要计算工作中心负荷、计算工作中心可用能力以及编制负荷报告和负荷图。

当所有订单都编制计划后，就可以形成所有工作中心的负荷图。工作中心的负荷图显示了在一定的时间周期内计划订单和已下达订单的能力需求。

为了按周期累计工作中心负荷，要将每个工作中心所有订单所需的全部负荷定额工时加在一起，最终得到满足生产计划所需的设备工时或劳动工时。

（三）能力与负荷调平

在解决工作中心负荷不足或超负荷的能力问题时，应视具体情况对能力与负荷进行调整，通过提高或降低能力，增加或降低负荷，或两者同时调整来调节。通过反复的能力与负荷的调整，使能力与负荷达到平衡，最后确认能力需求计划。

超负荷和负荷不足都是能力问题。如果超负荷，除非采取措施解决问题，否则不能完成；如果负荷不足，则作业费用增大。对于流程式工业来说，设备不易关闭，负荷不足的问题往往特别严重。

引起能力不平衡的原因可能是主生产计划的问题，也可能是其他问题。在制订主生产计划的过程中，已通过粗能力需求计划从整体角度进行了能力分析。因此，在制订能力需求计划之前就会发现主要问题。但对计划进行详细的能力检查时，还会发现有些在粗能力需求计划中不曾考虑过的因素在起作用。例如，主要的维修件订单未反映在主生产计划中；忽略了拖期订单；粗能力需求计划没有包括所有关键工作中心；等等。

如果主生产计划中忽略了一项影响能力的因素而造成能力不平衡，首先应做的是调整负荷能力以满足主生产计划对能力的要求，而不是修改它。只有完全必要时，即没有办法满足能力需求时，才修改主生产计划。

其他因素如提前期，也可引起能力问题。例如，在能力需求计划中考虑了提前期，而在粗能力需求计划中不曾考虑提前期；提前期延长，会影响负荷的分布；等等。

如果工作中心的能力与负荷不平衡，在分析原因的基础上，必须采取措施，进行平衡。MRP 系统并不能进行能力与负荷的自动平衡，这种调整必须由计划人员人工完成。

当 MRP/CRP 反复运算调整，超负荷问题仍然无法解决时，就要修正主生产计划。只有经过 MRP/CRP 的运算，能力与负荷达到平衡后，MRP 的订单才能确认并下达给计划的执行层。

出现能力与负荷不平衡时，可以从调整能力或调整负荷两个方面着手进行改进。

调整能力的方法主要有以下几类：安排加班、购买可选用件替代自制件、提高工作中心利用率和工作中心效率、采用可替代工艺路线、转包合同、重新分配劳动力、调整劳动力、缩短准备时间和运输时间等。

（1）安排加班。加班可以打破某些时间段的能力限制。如果经常性地或长期需要加班，应查明根本原因，并提出解决办法。

（2）购买可选用件替代自制件。

（3）提高工作中心利用率和工作中心效率。通常，工作中心利用率和工作中心效率的提高不是短期内就能解决的。改进预防性维修，可以减少机器的停产次数，从而提高利用率。改进生产设备可以提高效率。

（4）采用可替代工艺路线。如果工作中心承担的任务超负荷，一些订单可以安排到有剩余能力的可替代工作中心进行加工。分配任务到另一工作中心负荷不足的机器上，两个工作中心的负荷水平都得到了改善。然而，选择两个或三个可替代的工作中心往往是无效的。

(5) 转包合同。对于季节性订单来说，转包合同相当于保存了能力。但是，要对比附加费用和拖期交货的费用，奖惩费用的支付可以促使转包商快速完成订单。如果在相当长的时间内超负荷，内部瓶颈作业可以转给转包商。

(6) 重新分配劳动力。例如，可以把机器停产工作中心的工人分派到有多余机器、生产超负荷的工作中心。要重新分配劳动力，当然，要有多种技能的工人。因此，交叉培训的过程是必要的。

(7) 调整劳动力。如果缺少劳动力，可以根据工作所需的培训和技术等级，增加新工人。然而，临时雇员的可用性同所需技术等级成反比，即技术等级要求越高，雇用临时雇员越困难。如果劳动力超出当前的需要，剩余时间可以参加培训、技术革新小组或质量小组。

确定哪些调整是最可行的措施后，必须对相应的 CRP 输入文件内的数据加以修改，以反映调整后的能力情况。

调整负荷的方法主要有交叉作业、分批生产、调整批量规则、用购买件替代自制件、缩短准备的提前期、调整订单（取消订单、重挂订单、修改订单数据）、转包合同等。

(1) 交叉作业。为了缩短在工艺路线中两个相连的工作中心的总的加工时间，可以在第一工作中心完成整个批量的加工任务之前，把部分已完成的零件传给第二工作中心。

(2) 分批生产。将一份订单的批量细分成几个小批量，在同样的机器上同时安排生产。这种调度方法并不能降低负荷，只是将负荷集中在更短的时间内。

(3) 缩短准备的提前期。将准备过程规范化，可以缩短准备时间，从而降低负荷。于是，可以把节省下来的能力用于实际的加工过程。

（4）调整订单。考虑是否可以把一份订单提前或延后安排；可否先完成一份订单的一部分，其余部分延后安排；有些订单是否可以取消；等等。

在修改订单前，应先回答下列问题。

是否所有的订单都是必需的？有没有应该取消而未取消的订单？对于 MRP 的某些建议有没有未遵循的情况，或者客户已经取消的订单未反映在 MRP 中？如果有能力的话，这些订单能否提前或延后安排？如果订单延后安排，这种改变将影响其他哪些项目？是晚发运两三天的维修件订单，还是最终装配所需订单？如果拖期交货两三天，后果如何？能否先完成订单的一部分，其余的延后安排？如果要这样做，需要通知物料需求计划和主生产计划的负责人。

第 6 章　生产活动控制

一　作业排序

运用 MRP 确定了各种物料的生产与采购计划之后，下一步还需要把企业自加工工件的生产计划转变为每个班组、每个人员、每台设备的工作任务，即具体地确定每台设备、每个人员每天的工作任务和工件在每台设备上的加工顺序，这一过程称为作业排序。作业排序不仅要解决先加工哪个工件、后加工哪个工件的加工顺序问题，而且要解决同一设备上不同工件的加工顺序问题。在大多数情况下，可选择的方案很多，而不同的加工顺序得出的结果则差别很大。为此，需要采用一些方法和技术，尽量得出最优或令人满意的加工顺序。

一般来说，作业计划（Scheduling）与作业排序（Sequencing）不是同义语。作业排序只是确定工件在机器上的加工顺序，而作业计划不仅包括确定工件的加工顺序，而且包括确定机器加工每个工件的开始时间和完成时间。因此，只有作业计划才能指导每个工人和生产活动。

在编制作业计划时，有时一个工件的某道工序完成之后，执行下一道工序的机器还在加工其他工件,这时,工件要等待一段时间才能开始加工,这种情况称为"工件等待"。有时,一台机器已经完成对某个工件的加工,但随后要加工的工件还未到达,这种情况称为"机器空闲"。

由于编制作业计划的关键是解决各台机器上工件的加工顺序问题,而且通常情况下都是按最早可能开(完)工时间来编制作业计划的,因此,当工件的加工顺序确定之后,作业计划也就确定了。人们常常将作业排序与编制作业计划这两个术语不加区别地使用。在本章,只有在需要的情况下,才将这两个术语区别使用。在一般情况下,只使用作业排序这个术语。

作业排序是指合理安排生产运作的各项作业活动、合理使用生产运作资源,以及合理设置生产运作设施的时间表。由于工作流就是资金流,因此作业排序的重要性毋庸置疑。生产运作周期由作业时间、作业等待时间、设备调整时间、运输时间、检验测试时间、库存时间等构成。由于只有作业时间才是真正形成利润的时间,调查研究表明,作业时间往往只占生产运作周期的5%左右,而生产运作周期的95%,尤其是作业等待时间、设备调整时间、库存时间等,主要取决于作业排序的合理性。可见,作业排序对资金流具有重大影响。

在进行作业排序时,弄清下列概念非常重要:

工作中心;

无限负荷法/有限负荷法;

前向排序/后向排序;

纵向加载/横向加载。

工作中心。工作中心是指生产运作中的一个场所或区域,该区域由一定的生产运作资源,如人员、面积、空间、设备、工具、相关设施等构成,在该区域中组织一定的资源来完成一定的工作。工作中心是一个相对的概念，它可以是一台设备、一组设备、一个成组的生产运作单元、一个车间、一条生产线等。

无限负荷法/有限负荷法。在对工作中心进行作业排序时，应考虑工作中心的生产运作能力。考虑工作中心生产运作能力的方法有两种——无限负荷法与有限负荷法。所谓的无限负荷法，是指在对工作中心分配任务时，并不直接考虑该工作中心是否具有足够的能力来完成所分配的工作，而只是大体上估计所分配的任务与该工作中心的能力是否匹配。所谓的有限负荷法，是指在对工作中心分配任务时，对所分配的任务与该工作中心的能力之间做出详细的安排，明确规定每种资源在每一时刻的具体安排。

前向排序/后向排序。所谓的前向排序，是指系统接受订单后，立即根据该订单的各相关作业进行排序。所谓的后向排序，是指系统接受订单后，按照该订单的某一约定时间，如交货期等，进行倒排序，从而排定该订单的各相关作业顺序。

纵向加载/横向加载。所谓的纵向加载，是指向工作中心分配作业任务时，采用无限负荷法，而且不考虑作业任务的优先性。所谓的横向加载，是指向工作中心分配作业任务时，采用有限负荷法，而且充分考虑作业任务的优先性。

二 确定工序优先级

确定工序优先级的前提条件是要有一个可靠的 MPS 和 MRP。由于系统的工厂日历是以日为最小时段的，目前多数商品软件中还极少有细化到"班计划"的。处理班计划，可以在优先级上标注。派工单上加工的优先级一般是按照工序开始日期的顺序排列的。而工序开始日期又是以满足加工单要求的完成日期或需用日期为基准的。多数情况下二者的优先顺序是一致的，但是也可能有例外，如某个工件的某一工序加工时间很短，虽然开始日期在前，但即使略微推后也不至于影响加工单的需用日期。在提前期上出现矛盾时，可以参考以下几种常用确定优先级的方法来判断。在使用这些方法时要注意，最直观的方法仍然是采用完成日期或需用日期来表示优先级，用优先序号只能表示相对关系，如果盲目地一味遵照相对优先级，有可能延误加工单的需用日期，在应用时要注意分析。

确定工序优先级的方法很多，以下三种方法比较简单易懂，便于车间人员使用，这也是多数软件常用的几种方法。

总之，确定优先级主要考虑三个因素：

订单完成日期；

至完成日期剩余的时间；

剩余的工序数。

1. 紧迫系数

紧迫系数（Critical Ratio，CR）的计算公式为：

$$紧迫系数 = \frac{需用日期 - 今日日期}{剩余的计划提前期}$$

到需用日期的剩余天数与需要加工的时间（计划提前期）对比，可出现四种情况：

CR 为负值，已经拖期；

$CR = 1$，剩余时间刚好够用；

$CR > 1$，剩余时间有富余；

$0 < CR < 1$，剩余时间不够用。

很明显，CR 越小，优先级就越高。一个工件完成后，其余工件的 CR 会有所变化，应随时调整。

2. 最小单个工序平均时差

最小单个工序平均时差（Least Slack per Operation，LSPO）也称缓冲时间或宽裕时间。

$$最小单个工序平均时差 = \frac{加工件计划完成日期 - 今日日期 - 尚需加工时间}{剩余工序数}$$

其中，尚需加工时间是剩余工序的提前期之和。LSPO 越小，也就是剩余未完工序可分摊的平均缓冲时间越短，优先级就越高。

3. 最早到期时限

最早到期时限（Earliest Due Date，EDD）越早，优先级就越高。使用这条规则时，对处于起始工序的订单要慎重，有必要用 LSPO 复核。本规则比较适用于工艺路线近似的各种订单，或接近完工工序的各种订单。

与最短处理时间有关的其他准则如：

最短加工时间（Shortest Processing Time，SPT）优先；

剩余工作最少作业（Least Work Remaining，LWKR）优先；

工序数最少作业（Fewest Operation Remaining，FOPR）优先。

如果在加工过程中，一个零件来到已有许多零件等待加工的机床时，可以使用以下派工准则，如 WINQ（Work in Next Queue），即如果任务在下道工序所用的机床负荷最小，则任务在本工序的优先级最高。这种方法减少了等待加工的排队零件数。

还有一些与交货期相关的派工规则如：

按任务交货日期（Delivery Date）排序；

按松弛时间（Slack Time）排序；

按 S/ROP（Slack/Remaining Operation）排序，即按松弛

时间与剩余加工工序数的比值排序。

三 任务下达

当计划员将任务下达到车间时,要了解以下情况:①加工工艺路线;②所需工具、物料、能力和提前期及其可用性;③如有短缺,要有解决措施;④下达的任务要满足计划要求;⑤发放工具、物料和任务的有关文件给车间。下达任务时,要做到以下几点:①审查订单;②确认工具、物料和能力需求;③确定工具、物料和能力的可用性;④如有短缺,要及时补充,重新排序后下达,否则订单直接下单。

任务的下达,要按以下三个步骤进行。

(1) 按工作中心建立可排序的作业集合。这些作业是生产作业计划规定的该周期的任务,且具备作业下达条件,即具备作业所需材料、零部件、工具和能力。

(2) 计算各作业的优先级。按前文介绍的优先规则及算法,计算作业的优先数(或优先级)。

(3) 下达任务。在工作中心可排序的作业集合中,将最高优先级的作业分配给第一台可利用的机器,下一优先级的作业分配给第二台可利用的机器……依此类推,直到工作中心每台可利用的机器都分配到一个作业。用同样的方法分配下一个工作中心的作业。当全部工作中心可利用的机器都安排了一个作业之后,模拟时钟增加一个步距,在第一个工作中心再次开始分配,直到达到规定时间为止。

四 信息反馈与生产控制

任务下达以后,理想的情况是完全按照所制订计划的要求分配工作,按时完成订单。但是,在实际计划执行过程中,很可能出现工作中心的生产落后于原计划或提前于原计划的情况，如机器出现故障、人员缺勤、工件在转移过程中出现错误、出现次品等，均会使实际生产进度偏离计划要求。因此，必须监视每个工作中心的活动，及时反馈实际生产情况的信息，以便采取相应的对策进行控制。

（一）输入/输出报告

输入/输出报告由工作中心的计划日产量与实际生产量记录信息组成，内容包括计划的与实际的输入负荷、计划的与实际的产出、结果偏差等。

利用输入/输出报告可以分析生产中存在的问题，以便采取相应的措施。

将计划输入与实际输入进行比较的目的是监视作业订单进入工作中心的情况。当某工作中心的计划输入大于实际输入时，通常表明作业任务拖期到达这个工作中心，应采取的措施是检查前序工作中心，以确定产生拖期的原因；如果某工作中心的计划输入小于实际输入，通常表示作业任务提前到达工作中心，需采取的措施是检查前序工作中心定额，判断是否低估了该工作中心的能力。

将计划输出与实际输出进行比较，可以看出每个工作中心是否完成了进入该工作中心的全部加工任务。

（二）状态报告

反馈的状态报告主要有以下几种。

（1）拖期任务报告——将计划工序排产日期与当前状态相比较。

（2）物料短缺报告——说明短缺物料号及数量。

（3）设备状态报告——给出由计划外维修、故障等造成的不可用设备信息。

上述各反馈信息是现场管理人员调度、控制生产的依据。若实际情况与计划偏离较大，或通过本周期的调整，偏差仍不在允许范围之内，则应将信息反馈给系统，作为下一周期制订计划的依据。

五 作业排序的分类

（一）按作业排序的对象不同分类

按作业排序的对象不同可分为劳动力作业排序和生产作业排序。劳动力作业排序主要是确定人员何时工作；生产作业排序主要是将不同工件安排到不同设备上，或安排不同的人做不同的工作。在制造业和服务业企业中，有时两种作业排序都存在。在制造业中，生产作业排序是主要的，因为解决问题的重点是要加工的工件，许多绩效度量标准，如按时交货、库存水平、生产周期、成本和质量都直接与生产作业排序方法有关。在服务业中，劳动力作业排序是主要的，因为服务的及时性是影响企业竞争力的主要因素，很多绩效标准，如顾客等待时间、排队长度、设备（或人员）利用情况、成本和服务质量等都与服务的及时性有关。

（二）按加工设备的种类和数量不同分类

按加工设备的种类和数量不同可以分为单台设备排序和多台设备排序。单台设备排序是指许多工件在一台设备上的加工排序；多台设备排序是指许多工件在若干台设备上的加工排序。

（三）按加工路线的特征不同分类

按加工路线的特征不同可以分为流水型排序和非流水型排序。流水型排序是指 N 个工件经过 M 个加工工序，且所有的工件工艺顺序完全相同。对于这类问题，若有 N 个工件，则排

序的方案数就是 $N!$ 个。非流水型排序是指 N 个工件经过 M 个加工工序，但是工件的工艺顺序不完全相同。这类问题的排序方案数共有 $N!$ 个，其数量远比流水型排序多得多。

（四）按工件到达车间的情况不同分类

按工件到达车间的情况不同可以分为静态排序和动态排序。进行排序时，若所有工件都已到达，可以一次对它们进行排序，这是静态排序；若工件陆续到达，要随时安排它们的加工顺序，这是动态排序。

（五）按目标函数的性质不同分类

按目标函数的性质不同也可划分不同的排序类型。例如，同是单台设备的排序，目标是使平均流程时间最短与目标是使误期完工的工件数最少，实质上是两种不同的排序类型。按目标函数的情况不同还可以划分为单目标排序和多目标排序。

由此可见，排序对象、加工设备、加工路线、工件情况和目标函数的不同特征以及其他因素上的差别，构成了多种多样的排序类型及相应的排序方法。以上介绍的只是几种有代表性的排序分类方法。

六 常用的优先法则

管理人员在编制作业计划时经常遇到这样一种情况：有几项不同的任务，如几种不同的工件，要在一台或一组设备上加工，每种工件都有各自的加工时间和要求完成的时间（交货期）。由于这些工件不能同时在同一台设备上加工，而只能按一定的顺序依次加工，所以管理人员首先要解决的一个问题就是如何安排这些工件的加工顺序，这就是作业排序问题。作业排序是制订作业计划的一个中心环节，但它不等于作业计划。作业排序只能确定各个工件在设备上加工的先后顺序，在此基础上再给定每一个工件的加工开始时间和结束时间，这样才能构成一个完整的作业计划。

作业排序实际上是赋予等待队伍中的工件以不同的优先权：谁的优先权高，谁就先加工；谁的优先权低，谁就后加工。对工件赋予优先权时所遵循的准则称为优先准则。因此，作业排序就转化为按一定的优先准则赋予工件优先权的问题。其中，最有影响和最实用的准则有以下几条。

先到先服务（First Come, First Served，FCFS），即工作顺序的安排是由工作到达工作站的顺序来决定的。

最短加工时间（Shortest Processing Time，SPT），即工作顺序的安排是由工作所需要的加工时间来决定的，先安排加工时间最短的工作。

最早到期时限（Earliest Due Date，EDD），即工作顺序的安排是由工作交货期到期日的先后来决定的，先安排到期日最早的工作。

最小松弛时间（Minimum Slack Time，MST），即工作顺序的安排是由工作的最短松弛时间来决定的（松弛时间＝交货日期－完成工作所需时间），先安排松弛时间最短的工作。

随机安排准则，即管理人员或操作者随机地选择一个工件。

以上准则各有不同特点。FCFS 对工件比较公平；SPT 可使工件平均流程时间最短，从而减少在制品量；EDD 可使工件最大延误时间最短，SCR 也是保证工件延误时间最短的准则。管理人员应根据不同的目标选择恰当的作业排序准则。

七　作业排序的评价标准

对作业排序的评价，主要有以下标准。

总完工时间（Make Span），是指完成一项工作的所有工序或作业所需要的工作时间,即总工时。作业排序的目标是希望总完工时间越短越好。

流程时间(Flow Time),是指一项工作在系统中停留的时间(包括加工时间和等待时间)。作业排序的目标是希望所有工作的平均流程时间越短越好。

滞后时间(Tardiness Time),是指一项工作的完成时间超出其到期时限的时间。作业排序的目标是希望所有工作的滞后时间越短越好。

在生产作业管理中,确定零件加工的合理顺序,不仅是单纯的生产加工问题,而且具有十分重要的经济意义,这是因为产品的零件要分别由不同的机床加工,而加工次序又是由一定的工艺规程所规定的。由于不同的零件在各种机床上加工的时间长短不一,从上道工序转到下道工序时,如果机床没有空闲,就会出现"零件等机床"的现象;如果下道工序的机床完工后,上道工序还未完成,就会出现"机床等零件"的现象。所以,作业计划在安排时要尽量避免出现上述现象。零件的加工顺序受工艺过程的限制,完全消除"机床等零件"或"零件等机床"的现象是难以做到的。但是,使总的加工时间最短和使机床空闲的时间最短,是生产作业计划进度安排的重要内容。

操作实战篇

第7章　ERP系统的设计流程及数据定义

用户应用利玛ERP系统在Win XP下登录时，应使用第一次安装ERP系统时的用户名及密码，否则需要重新定义数据库。

打开系统的程序，会出现登录界面，需要正确地输入用户名及口令才可使用该系统。不同的用户对应不同的权限。如果没有相应的权限，在系统中的可选项为灰色，即无法使用相应的命令。

一　管理子系统操作步骤

（一）用户登录及新用户注册

输入系统用户名"CAPMS"及密码"capms"进入系统管理子系统，进行新用户身份注册。

建议每个同学使用以下方法进行注册：班级号＋学号＋个人ID。如gs000203cyh，并赋予其最高权限。

（二）使用功能授权

定义对该用户有权使用的各子系统功能。

对注册的CAPMS用户，定义其在不同子系统中可使用的功能范围，如果不定义则不能执行任何功能。合理分配用户的权限，是使用计算机系统很重要的内容，它关系到数据的安全保密和责任的问题。

需要对以下各子系统进行使用功能的授权：

（1）制造数据管理子系统；
（2）库存管理子系统；
（3）物料供应管理子系统；
（4）销售管理子系统；
（5）主生产计划子系统；
（6）物料需求计划子系统；
（7）粗能力需求计划子系统；
（8）细能力需求计划子系统；
（9）车间任务管理子系统；
（10）车间作业管理子系统。

为加快定义的速度，可选择"设定子系统全部功能"，将给定子系统的所有功能赋给所设定的用户。

二 制造数据管理子系统的设计流程

（一）基础数据准备

1. 制造数据管理子系统的数据准备

制造数据管理子系统应准备产品结构和明细数据、工艺数据、车间部门数据、工作中心数据、计量单位数据、项目分类数据、产品及原材料价格数据等。制造数据管理子系统的数据是其他各子系统运行的基础。

2. 其他子系统的数据准备

（1）库存管理子系统

制造数据管理子系统中项目主文件的部分数据来自库存管

理子系统，所以在使用制造数据管理子系统之前，应在库存管理子系统中录入仓库代码、货位代码、货区代码数据，或者以后重新补充。

（2）总账管理子系统

总账管理子系统实施制造数据管理子系统的公司信息、记账科目定义等数据。

（二）制造数据管理子系统的运行顺序

（1）计量单位定义、项目分类定义、部门代码定义、节日设定、货币代码定义、付款方式定义。

（2）项目使用字段定义、项目使用范围定义。

（3）项目定义、工作中心定义、人员代码定义、工厂日历生成。

（4）物料清单定义、工艺路线定义。

（5）产品材料汇总、产品工时汇总、数据合理性检查。

计量单位在系统中已有数据，如需修改、添加，可以由用户根据自己的需求进行完善。

项目分类定义是为了将企业管理中的项目先进行大类上的分类，便于以后进行统计分析。本企业为生产型企业，项目内容是指所有生产中涉及的零件、组件、部件、产品等。在项目分类中，可简单设置为产成品、半成品、原材料等。真实企业中也许还需要设置工具、办公用品、包装物等内容。

部门代码定义需要先设计本企业的组织结构，再进行逐级编码，并输入系统。建议先画出组织结构图。

货币代码定义至少需要设置一种货币如人民币作为记账本位币，再设置一种外币在未来进出口交易时记账使用。企业可根据实际需要进行设置和添加。

付款方式定义会涉及在未来的采购等业务中向供应方支付货款的方式，可以参考物料供应管理子系统中的实例，并相应添加几种。

(三) 项目定义数据

1. 减速机项目定义

以减速机为例，项目定义见表 7-1。

表 7-1　减速机项目定义

项目代码*	jsj001	项目名称	减速机 001
国标号	jsj001	参考号	jsj001
图号	jsj001	库存生产单位*	EA
采购单位	EA	采购/库存转换比	1
销售单位	EA	销售/库存转换比	1
统计分类号	1000（产成品）	项目类型	最终产品
制造/采购标识*	制造	MRP 标识	MRP
工序计划标识	排工序计划	MPS 标识	MPS
原材料采购标识	外购零部件	计划员/采购员代码	
部门代码	C01	工艺路线号	jsj001
默认库房号	01	最高储备（台）	100
最低储备	10	合理储存天数（天）	150
ABC 代码	A	计划价（元）	400
批次管理标识	非批号管理	关主件标识	N
提前期（天）	10	标准批量（批）	20

续表

批量方法	直接批量	批量数量（批）	0
安全库存（台）	10	计划展望天数（天）	100
计划时区1天数（天）	30	计划时区2天数（天）	30
计划时区3天数（天）	40	时区1需求代码	按订单
时区2需求代码	按预测	时区3需求代码	按订单与预测之和

注：其中带*项目为必填项，若不填，系统会报错，不能添加存储进数据库。不带*项目如给出实例也应该填写，否则后面的购销存计划等子系统可能不能正常执行。后半部分的内容为将来在生产计划系统中需要填写的。

在本企业的实例中，产品减速机的其他部件、组件和零件的定义方法与之类似，需要将所有的部件、组件和零件定义完整。

实例中的产品减速机共涉及20种零件，减速机为最终产品，属于MPS项目，通过装配自制；蜗轮传动、蜗轮组件为制造件，虽不是最终产品，但也通过装配自制。其他零件则通过采购得到。

另有9种型号的减速机，jsj002~jsj010的项目属性相似，可采用复制的方法录入。

2. 物料清单定义

在本实验环节中，减速机零部件的最终BOM树定义见图7-1。

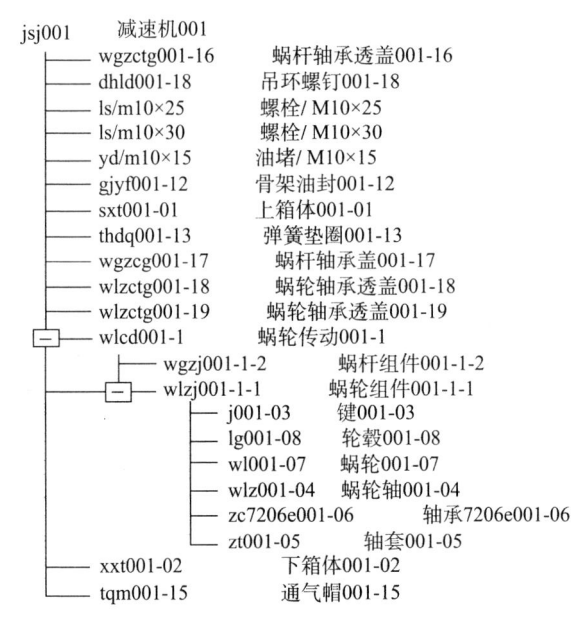

```
jsj001   减速机001
  ├── wgzctg001-16      蜗杆轴承透盖001-16
  ├── dhld001-18        吊环螺钉001-18
  ├── ls/m10×25         螺栓/M10×25
  ├── ls/m10×30         螺栓/M10×30
  ├── yd/m10×15         油堵/M10×15
  ├── gjyf001-12        骨架油封001-12
  ├── sxt001-01         上箱体001-01
  ├── thdq001-13        弹簧垫圈001-13
  ├── wgzcg001-17       蜗杆轴承盖001-17
  ├── wlzctg001-18      蜗轮轴承透盖001-18
  ├── wlzctg001-19      蜗轮轴承透盖001-19
  ├── wlcd001-1         蜗轮传动001-1
  │     ├── wgzj001-1-2       蜗杆组件001-1-2
  │     └── wlzj001-1-1       蜗轮组件001-1-1
  │             ├── j001-03         键001-03
  │             ├── lg001-08        轮毂001-08
  │             ├── wl001-07        蜗轮001-07
  │             ├── wlz001-04       蜗轮轴001-04
  │             ├── zc7206e001-06   轴承7206e001-06
  │             └── zt001-05        轴套001-05
  ├── xxt001-02         下箱体001-02
  └── tqm001-15         通气帽001-15
```

图7-1 减速机零部件BOM树定义

3．生产数据定义

（1）工作中心定义

减速机工作中心、蜗轮传动工作中心、蜗轮组件工作中心定义见表7-2至表7-4。

表7-2 减速机工作中心定义

工作中心号	gzzx01	工作中心名称	工作中心01
所属部门	C01（可自拟）	关键工作中心	关键
重量分摊标识	N	能力核算标识	按人员
人员利用率（％）	90	设备利用率（％）	90
第一班小时数（小时）	8	第一班机器数（台）	20
第一班人员数（人）	20	第二班小时数（小时）	8
第二班机器数（台）	15	第二班人员数（人）	15
标准人员能力（人时）	252	标准设备能力（台时）	252

表7-3 蜗轮传动工作中心定义

工作中心号	gzzx02	工作中心名称	工作中心02
所属部门	ZP01（可自拟）	关键工作中心	关键
重量分摊标识	N	能力核算标识	按人员
人员利用率（%）	90	设备利用率（%）	90
第一班小时数（小时）	8	第一班机器数（台）	25
第一班人员数（人）	25	第二班小时数（小时）	8
第二班机器数（台）	20	第二班人员数（人）	20
第三班小时数（小时）	8	第三班机器数（台）	15
第三班人员数（人）	15	标准人员能力/标准设备能力（人时/台时）	432

表7-4 蜗轮组件工作中心定义

工作中心号	gzzx03	工作中心名称	工作中心03
所属部门	Z01（可自拟）	关键工作中心	关键
重量分摊标识	N	能力核算标识	按人员
人员利用率（%）	90	设备利用率（%）	90
第一班小时数（小时）	8	第一班机器数（台）	30
第一班人员数（人）	30	第二班小时数（小时）	8
第二班机器数（台）	25	第二班人员数（人）	25
第三班小时数（小时）	8	第三班机器数（台）	20
第三班人员数（人）	20	标准人员能力/标准设备能力（人时/台时）	540

（2）工艺路线定义

减速机工艺路线见表7-5。

表 7-5 减速机工艺路线

工艺路线号	jsj001	工艺路线描述	减速机 001 的工艺路线
加工工序号	1	工序描述	实现蜗轮传动
工作中心	C01		
等待时间（分钟）	4	等待时间（分钟）	
准备时间（分钟）	6	准备时间（分钟）	
加工时间（分钟）	15	加工时间（分钟）	
传送时间（分钟）	5	传送时间（分钟）	

本减速机的生产需要 8 道工序，其余 7 道工序号分别为 2~8，全部工序描述为：实现蜗杆组件—将蜗杆组件装入下箱体—实现蜗轮组件—将蜗轮组件装入上箱体—紧固蜗杆的轴承盖—盖上上箱体—安装吊装环与通气帽—质量检验。

jsj002~jsj010 的工艺路线相似，可采用复制的方法录入。

（3）出厂编号维护

减速机出厂编号见表 7-6。

表 7-6 减速机出厂编号

项目代码	jsj001（~010）	项目名称	减速机 001（~010）
订单号	09080101（10）	出厂编号/合格证号	20121201-01（10）
关主件代码	wlzj001-1-1	关主件名称	蜗轮组件 001-1-1
	wgzj001-1-2		蜗杆组件 001-1-2
	wlcd001-1		蜗轮传动 001-1
关主件编号	20121201-01（~10）-03		
	20121201-01（~10）-02		
	20121201-01（~10）-01		

(4) 工时汇总与工厂日历生成

产品材料与工时汇总。输入父项代码"jsj001"与"wl-cd001-1",按"汇总"按钮后即开始进行汇总计算。

工厂日历生成。设定起始年为 2000 年,终止年为 2020 年,公休日为星期天,系统便会自动生成工厂日历。

第8章 库存管理子系统的设计流程及数据定义

库存管理子系统的功能是通过对仓库、货区、货位、出入库类型等基础数据进行定义，对各类出入库单据、转库单据进行维护，在线反映每种物资的仓库存货情况，并通过对这些情况的分析，及时为管理和决策人员提供库存资金占用信息、库存物料积压信息、库存物料短缺或超储信息、ABC分类信息等。库存管理子系统还可以通过对物料批号的记录，实现专批专管，通过清仓盘库，随时保证账面和实物一致，实时地为计划决策及其他管理人员提供各种存货信息，以便及时调整生产计划，保证企业运营顺畅。库存管理子系统，主要处理有关库存的一些问题，包括商品基本信息的处理、商品类别信息的处理，以及库存的查询分析等操作。商品基本信息的处理，主要是商品信息的增、删、改处理。商品类别信息的处理，同样是一些简单的增、删、改处理。而库存的查询分析则主要是几种条件查询，同时有个库存分析，包括对库存各种状况的处理策略。

库存管理子系统可以实现对物料出入库、移动的管理。对库存物料定期盘点，以调整物料存量，做到账物相符。从各种角度对库存物料信息做分析，及时、正确地将各种出入库单录入计算机，建立流水账和主账，以取代手工记账业务。通过保证库存数据的动态准确性和及时性，随时提供库存各类信息，作为采购、生产、物料需求计划之依据。及时分析库存短缺或超储状态，最大限度地降低库存资金占用，加速资金周转。统计库存变化情况，提供各类库存报表，能够为管理人员的正确决策提供依据。

一　基础数据准备

（一）库存管理子系统的数据准备

（1）核算期设置、与各子系统接口开关。

（2）库管员定义、使用范围授权、项目索引定义。

（3）仓库号、货区号、货位号、出入库类型代码以及影响标识；价格设置。

（4）用途定义、核算期定义、库存分析参数（最高储备量、最低储备量和项目合理储备天数）。

（二）其他子系统的数据准备

（1）制造数据管理子系统：项目代码（材料、零件、产品）、计划价格、部门代码、计量单位等。

（2）销售管理子系统：发货票、合同号、客户代码、项目代码等。

（3）采购管理子系统：到货单、合同号、供应商代码、项目代码等。

（4）车间任务管理子系统：物料分拣单、任务号、车间代码、项目代码等。

二　库存管理子系统的运行顺序

在使用库存管理子系统的过程中，应按下列顺序来运行。

（1）运行环境设置、库房定义、货区定义、货位定义、用途定义。

（2）出入库类型定义。

（3）核算期生成、库管员定义、用户使用范围授权、项目索引定义；库房当前核算期定义。

（4）库存流水账维护、转库处理。

（5）库存流水账查询。

（6）库房月加权平均价计算；库房账月结转。

（7）在进行库存盘点工作时，应该按以下顺序进行：设置盘点；盘点数据录入；盘点数据分析；盘点调账。

（8）库存分析：库存 ABC 分析；资金占用分析；库存积压分析；等等。

三 基础数据定义

（一）库管员定义

库管员定义见表 8-1。

表 8-1 库管员定义

用户名称	cyh	管理员级别	公司级
所属部门	01	人员编码	03
部门名称	总经理室	人员名称	mone

（二）用户使用范围授权

用户名称为 cyh；管理员级别为公司级。

（三）库房定义

库房定义见表 8-2。

表 8-2 库房定义

库房号	库房名称	管理标识	价格设置
01	成品库	按库房	计划价
02	半成品库	按货区	计划价
03	材料库	按货位	计划价

(四) 货区定义

货区定义见表 8-3。

表 8-3 货区定义

货区号	货区描述
01	蜗轮传动
02	蜗轮组件

(五) 货位定义

货位定义见表 8-4 至表 8-6。

表 8-4 货位定义 1

库房号	03	库房描述	材料库
货区号	01	货区描述	东区
货位号	01	货位描述	上箱体
	02		下箱体
	03		蜗轮轴承透盖
	04		蜗杆轴承透盖
	05		蜗轮轴承盖
	06		蜗杆轴承盖
	07		吊环螺钉

表 8-5　货位定义 2

库房号	03	库房描述	材料库
货区号	01	货区描述	南区
货位号	01	货位描述	蜗轮
	02		蜗轮轴
	03		键
	04		轴承 7206e
	05		轴套
	06		轮毂
	07		蜗杆

表 8-6　货位定义 3

库房号	03	库房描述	材料库
货区号	01	货区描述	北区
货位号	01	货位描述	骨架油封
	02		弹簧垫圈
	03		螺栓/M10×30
	04		螺栓/M10×25
	05		通气帽
	06		油堵

（六）库房当前核算期定义

库房当前核算期定义见表 8-7。

表 8-7　库房当前核算期定义

库房号	库房名称	当前核算期	核算起始日期	核算终止日期	年末标识
01	成品库	2012/12	2012/12/01	2012/12/30	N
02	半成品库	2012/12	2012/12/01	2012/12/30	N
03	材料库	2012/12	2012/12/01	2012/12/30	N

四 库存查询

(一) 流水账查询

1. 成品库

记账人:cyh。库管员:mone。分类号:1000。单位:台。项目代码:jsj001。项目名称:减速机001。出入库单价:400。估价:N。

成品库流水账见表8-8。

表8-8 成品库流水账

日期	单据号	出入库类型	出入库数量(台)	出入库金额(元)	车间/部门	销售合同号	客户代码
2012/12/01	r20121201	库存数据初始化	100	40000	c01		
2012/12/09	x20121201	销售出库	80	32000	c01	x2012-1201	kh0001

2. 材料库

分类号:3000。出入库类型:采购入库。出入库数量:100。单位:个。估价:N。记账人:cyh。车间/部门:供应处。库管员:mone。

材料库流水账见表8-9。

表8-9 材料库流水账

日期	单据号	项目代码	项目名称	货位号	出入库单价(元)	出入库金额(元)	供应商	采购合同号
2012/12/07	cg20102201	zctg001-16	轴承透盖001-16	03	6.0	600	gys0001	w001

续表

日期	单据号	项目代码	项目名称	货位号	出入库单价（元）	出入库金额（元）	供应商	采购合同号
2012/12/07	cg20121202	zcg001-17	轴承盖001-17	04	12.0	1200	gys0003	w003
2012/12/13	cg20121203	thdq001-13	弹簧垫圈001-13	02	2.4	240	gys0002	w002
2012/12/13	cg20121204	gjyf001-12	骨架油封001-12	01	2.4	240	gys0004	w004

（二）库房总账查询

1. 成品库

减速机001（jsj001）成品库总账见表8-10。

表8-10 成品库总账

ABC	现有量（台）	占用资金（元）	月/年初库存量（台）	月/年初库存额（元）	月/年出库量（台）	月/年出库额（元）	最后入库日期	最后出库日期
A	20	8000	100	40000	80	32000	2012/12/01	2012/12/09

2. 材料库

减速机001（jsj001）材料库总账见表8-11。

表8-11 材料库总账

项目代码	项目名称	ABC	单价（元）	占用资金（元）	月/年入库额（元）	最后出入库日期
zctg001-16	轴承透盖001-16	C	6.0	600	600	2012/12/07
zcg001-17	轴承盖001-17	A	2.4	240	240	2012/12/13

续表

项目代码	项目名称	ABC	单价（元）	占用资金（元）	月/年入库额（元）	最后出入库日期
thdq001-13	弹簧垫圈001-13	C	2.4	240	240	2012/12/13
gjyf001-12	骨架油封001-12	C	12.0	1200	1200	2012/12/07

注：月/年入库量为100。

第9章 物料供应管理子系统的设计流程及数据定义

建立供应商的基本信息、供应商来往的函件信息、内部代码信息、供应合同跟踪及系统控制参数。对签订的合同信息进行管理，采购合同中基本信息及共性的信息由"合同头维护"来处理，记录在采购合同主账中。合同中所签订的合同项目由"合同项目维护"来处理，记录在采购合同项目明细账中。这样，由采购合同主账和采购合同项目明细账构成了完整的采购合同台账。对合同的删除、修改、补充等工作也在该功能模块中进行。

一　基础数据准备

（一）物料供应管理子系统的数据准备

制订代码编码方案，讨论合同号、供应商编码、函件编码等代码设计方案，写出书面代码设计方案，并按此方案进行编码。

（二）其他子系统的数据准备

在合同项目登录、合同执行、统计查询、打印处理过程中，都要根据物料代码从制造数据管理子系统项目定义数据中获得物料描述及该物料的名称和采购计量单位。

二 物料供应管理子系统的运行顺序

（1）环境设置、内部代码定义、供应商定义、统计期定义。

（2）供应合同跟踪分析。

（3）合同执行情况查询、人工结案。

（4）预付款录入、合同发票录入、非合同发票录入、付款录入。

三 基础数据定义

供应商基本信息见表9-1至表9-4。

表9-1 供应商基本信息1

供应商代码	gys0001	供应商名称	江苏电机厂
所属地区	华东	企业性质	全民
所属行业	机械	录入人	gs0203
部门名称	总经理室	登录日期	2012/12/01

表9-2 供应商基本信息2

供应商代码	gys0002	供应商名称	石家庄车辆厂
所属地区	华北	企业性质	全民
所属行业	机械	录入人	gs0203
部门名称	总经理室	登录日期	2012/12/01

表 9 – 3　供应商基本信息 3

供应商代码	gys0003	供应商名称	华北柴油机厂
所属地区	华北	企业性质	全民
所属行业	机械	录入人	gs0203
部门名称	总经理室	登录日期	2012/12/01

表 9 – 4　供应商基本信息 4

供应商代码	gys0004	供应商名称	无线电十四厂
所属地区	华北	企业性质	全民
所属行业	机械	录入人	gs0203
部门名称	总经理室	登录日期	2012/12/01

四　物料报价

供应商物料报价见表 9 – 5 至表 9 – 8。

表 9 – 5　供应商物料报价 1

供应商代码	gys0001	供应商名称	江苏电机厂
物料代码	zctg001 – 16	物料名称	轴承透盖 001 – 16
供应商物料代码	gwldm0001	登录日期	2012/12/01
基础价格（元）	10	价格含税标识	含税

表 9 – 6　供应商物料报价 2

供应商代码	gys0002	供应商名称	石家庄车辆厂
物料代码	thdq001 – 13	物料名称	弹簧垫圈 001 – 13
供应商物料代码	gwldm0002	登录日期	2012/12/05
基础价格（元）	2	价格含税标识	含税

表9-7 供应商物料报价3

供应商代码	gys0003	供应商名称	华北柴油机厂
物料代码	zcg001-17	物料名称	轴承盖001-17
供应商物料代码	gwldm0003	登录日期	2012/12/01
基础价格（元）	10	价格含税标识	含税

表9-8 供应商物料报价4

供应商代码	gys0004	供应商名称	无线电十四厂
物料代码	gjyf001-12	物料名称	骨架油封001-12
供应商物料代码	gwldm0004	登录日期	2012/12/05
基础价格（元）	2	价格含税标识	含税

五　合同信息

（一）合同头录入

采购合同信息见表9-9至表9-12。

表9-9 采购合同信息1

合同编号	w001	合同类型	采购零部件
供应商代码	gys0001	供应商名称	江苏电机厂
签订日期	2012/12/03	签订人	mone
供方签订人	王晶	供方合同号	jsjd0001
付款商代码	gys0001	付款方式	现金
币别	人民币	保险费（元）	2000
运杂费（元）	100	汇率	1
税率（%）	17	付款条件	货到10日后付款，折扣为2%
验收标准	验收	部门名称	总经理室
录入日期	2012/12/03	合同状态	新增

表 9 - 10　采购合同信息 2

合同编号	w002	合同类型	采购零部件
供应商代码	gys0002	供应商名称	石家庄车辆厂
签订日期	2012/12/10	签订人	mone
供方签订人	李宇	供方合同号	sjzclc0001
付款商代码	gys0002	付款方式	现金
币别	人民币	保险费（元）	1000
运杂费（元）	50	汇率	1
税率（%）	17	付款条件	货到 10 日后付款，折扣为 2%
验收标准	验收	部门名称	总经理室
录入日期	2012/12/10	合同状态	新增

表 9 - 11　采购合同信息 3

合同编号	w003	合同类型	采购零部件
供应商代码	gys0003	供应商名称	华北柴油机厂
签订日期	2012/12/03	签订人	mone
供方签订人	王为	供方合同号	hbcy0001
付款商代码	gys0003	付款方式	现金
币别	人民币	保险费（元）	2000
运杂费（元）	100	汇率	1
税率（%）	17	付款条件	货到 10 日后付款，折扣为 2%
验收标准	验收	部门名称	总经理室
录入日期	2012/12/03	合同状态	新增

第9章 物料供应管理子系统的设计流程及数据定义

表9-12 采购合同信息表4

合同编号	w004	合同类型	采购零部件
供应商代码	gys0004	供应商名称	无线电十四厂
签订日期	2012/12/03	签订人	mone
供方签订人	王晶	供方合同号	wxdc0001
付款商代码	gys0004	付款方式	现金
币别	人民币	保险费（元）	2000
运杂费（元）	100	汇率	1
税率（%）	17	付款条件	货到10日后付款，折扣为2%
验收标准	验收	部门名称	总经理室
录入日期	2012/12/03	合同状态	新增

（二）合同项目录入

采购合同见表9-13至表9-16。

表9-13 采购合同1

合同编号	w001	应收日期	2012/12/07
项目代码	zctg001-16	项目名称	轴承透盖001-16
采购单位	个	项目状态	执行
订货数量（个）	100	含税标识	含税
税率（%）	17	到货站	石家庄
订货单价（元）	10	订货金额（元）	1000
运输方式	公路	部门名称	总经理室

表9-14 采购合同2

合同编号	w002	应收日期	2012/12/13
项目代码	thdq001-13	项目名称	弹簧垫圈001-13
采购单位	个	项目状态	执行

续表

订货数量（个）	600	含税标识	含税
税率（%）	17	到货站	石家庄
订货单价（元）	2	订货金额（元）	1200
运输方式	公路	部门名称	总经理室

表9-15 采购合同3

合同编号	w003	应收日期	2012/12/07
项目代码	zcg001-17	项目名称	轴承盖001-17
采购单位	个	项目状态	执行
订货数量（个）	100	含税标识	含税
税率（%）	17	到货站	石家庄
订货单价（元）	10	订货金额（元）	1000
运输方式	公路	部门名称	总经理室

表9-16 采购合同4

合同编号	w004	应收日期	2012/12/13
项目代码	gjyf001-12	项目名称	骨架油封001-12
采购单位	个	项目状态	执行
订货数量（个）	400	含税标识	含税
税率（%）	17	到货站	石家庄
订货单价（元）	2	订货金额（元）	800
运输方式	公路	部门名称	总经理室

（三）到货单录入

状态：到货。采购标识：合同。币别：人民币。汇率：1。采购到货单见表9-17至表9-18。

表9-17 采购到货单1

到货单号	供应商代码	供应商名称	到货日期	税金（元）	到货总金额（元）
dh20100401	gys0001	江苏电机厂	2012/12/07	145.30	1000
dh20100402	gys0003	华北柴油机厂	2012/12/07	145.30	1000
dh20100403	gys0002	石家庄车辆厂	2012/12/13	174.36	1200
dh20100404	gys0004	无线电十四厂	2012/12/13	116.24	800

表9-18 采购到货单2

合同号	项目代码	应收日期	到货数量（个）	单价（元）	税金（元）	到货金额（元）	登录日期
w001	zctg001-16	2012/12/07	100	10	145.30	1000	2012/12/10
w003	zcg001-17	2012/12/07	100	10	145.30	1000	2012/12/10
w002	thdq001-13	2012/12/13	600	2	174.36	1200	2012/12/13
w004	gjyf001-12	2012/12/13	400	2	116.24	800	2012/12/13

第 10 章　销售管理子系统的设计流程及数据定义

　　销售管理子系统是为企业对销售活动进行全面有效的管理而设计的子系统。企业的销售管理工作主要由企业的销售部门完成，销售部门与生产部门、财务部门和仓库部门有着密切的业务联系。

　　通过对销售活动中各个环节的信息处理，能够为企业领导和生产经营部门直接提供产品订货情况、合同执行情况等动态信息，并通过对这些信息进行统计分析，准确地掌握产品销售状况、产品销售流向，及时发现企业在销售管理、订货服务、产品发货等环节中存在的问题，以便进行决策，有效地指导生产和销售工作，使企业生产与市场需求同步，降低成品库存，减少拖期交货现象的发生，提高服务水平，从而使企业取得更高的经济效益。

　　销售管理子系统可以制订销售计划、提供产品报价、签订客户订单。销售部门将产品订货、交货以及销售预测情况汇总传递给生产计划部门，以便安排生产；仓库部门按备货通知安排出货，下达提货单，并组织发货；财务部门开出销售发票，向客户催收销售货款，根据出货、发票情况进行应收记账；销售部门记录并跟踪客户有关的售前、售中、售后情况,进行各种销售统计分析。

一 基础数据准备

(一) 销售管理子系统的数据准备

制订代码编码方案,设计内部代码、销售业务用编码。分别定义库存管理子系统与销售管理子系统的接口,则发货量由库存管理子系统自动反填;如果与库存管理子系统无接口,则发货量填写由销售管理子系统完成。

(二) 其他子系统的数据准备

项目主文件在合同项目维护、合同执行、统计查询、打印处理过程中,都要根据产品代码从制造数据管理子系统的项目定义数据中获得产品描述及该产品的库存现有量和已分配量。

二 销售管理子系统的运行顺序

(1) 内部代码维护:销售管理子系统内部用到的代码由此功能进行定义。

(2) 客户信息维护:来往函件维护;收货站代码维护;产品销售价格维护。

(3) 运行参数维护。

(4) 合同销售数据、非合同销售数据录入。

(5) 提货、发货单据录入。

(6) 发票录入。

(7) 客户付款文件维护、客户回款文件维护。

三 基础数据的维护

(一) 客户信息维护

客户信息见表 10-1 至表 10-4。

表 10-1 客户信息 1

客户代码	kh0001	客户名称	湖北汽车厂
部门名称	总经理室	信誉度	9
地区	湖北省	行业	其他
客户类别	最终用户	到货站	武汉
录入员	gs0203	销售员	gs0203

表 10-2 客户信息 2

客户代码	kh0002	客户名称	洛阳机车厂
部门名称	总经理室	信誉度	9
地区	河南省	行业	其他
客户类别	最终用户	到货站	洛阳
录入员	gs0203	销售员	gs0203

表 10-3 客户信息表 3

客户代码	kh0003	客户名称	北京车床厂
部门名称	总经理室	信誉度	9
地区	北京市	行业	其他
客户类别	最终用户	到货站	北京
录入员	gs0203	销售员	gs0203

表 10 – 4　客户信息 4

客户代码	kh0004	客户名称	厦门机械总公司
部门名称	总经理室	信誉度	9
地区	福建省	行业	其他
客户类别	最终用户	到货站	厦门
录入员	gs0203	销售员	gs0203

（二）同类企业信息维护

同类企业信息见表 10 – 5。

表 10 – 5　同类企业信息

企业代码	tl0001	企业名称	石家庄市减速机厂
地址	和平西路 105 号	国家	中国
省	河北省	市	石家庄
电话	0311 – 7654321	传真	0311 – 7123456
企业法人	李强	地区	河北

（三）产品销售价格维护

产品销售价格见表 10 – 6。

表 10 – 6　产品销售价格

产品代码	jsj001	产品名称	减速机 001
销售单位	台	库存单位	台
计划价格（元）	400	订货数量（台）	50
折扣率（%）	95	折扣价格（元）	380

四　运行参数维护

系统运行参数见表 10 – 7。

表 10-7　系统运行参数

本位币	人民币	与库存有无接口	有接口
是否影响已分配量	影响	税率（%）	17
统计期的起始日期	01	统计期所在月份	本月

（一）销售合同管理

销售合同单见表 10-8 至表 10-14。

表 10-8　销售合同单 1

销售员	gs0203	录入员	gs0203
合同编号	x2012-1201	客户合同号	hbqc001
订货单位	湖北汽车厂	收货单位	湖北汽车厂
付款单位	湖北汽车厂	客户签订人	王明
签订人	mone	签订日期	2012/12/08
付款条件	货到检验后付款	运费负担（元）	50
到货站	武汉	保险负担（元）	1600
付款方式	现金	币别	人民币
含税标识（%）	17	本位币	人民币

表 10-9　销售合同单 2

销售员	gs0203	录入员	gs0203
合同编号	x2012-1202	客户合同号	lyjc001
订货单位	洛阳机车厂	收货单位	洛阳机车厂
付款单位	洛阳机车厂	客户签订人	张三
签订人	mone	签订日期	2012/12/08
付款条件	货到检验后付款	运费负担（元）	100
到货站	洛阳	保险负担（元）	3000

续表

付款方式	现金	币别	人民币
含税标识（%）	17	本位币	人民币

表 10 – 10　销售合同单 3

销售员	gs0203	录入员	gs0203
合同编号	x2012 – 1203	客户合同号	lyjc001
订货单位	洛阳机车厂	收货单位	洛阳机车厂
付款单位	洛阳机车厂	客户签订人	张三
签订人	mone	签订日期	2012/12/18
付款条件	货到检验后付款	运费负担（元）	100
到货站	洛阳	保险负担（元）	3000
付款方式	现金	币别	人民币
含税标识（%）	17	本位币	人民币

表 10 – 11　销售合同单 4

销售员	gs0203	录入员	gs0203
合同编号	x2012 – 1204	客户合同号	bjcc001
订货单位	北京车床厂	收货单位	北京车床厂
付款单位	北京车床厂	客户签订人	李四
签订人	mone	签订日期	2012/12/10
付款条件	货到检验后付款	运费负担（元）	20
到货站	北京	保险负担（元）	600
付款方式	现金	币别	人民币
含税标识（%）	17	本位币	人民币

表 10 – 12　销售合同单 5

销售员	gs0203	录入员	gs0203
合同编号	x2012 – 1205	客户合同号	xmjx001
订货单位	厦门机械总公司	收货单位	厦门机械总公司
付款单位	厦门机械总公司	客户签订人	王海
签订人	mone	签订日期	2012/12/12
付款条件	货到检验后付款	运费负担（元）	20
到货站	厦门	保险负担（元）	600
付款方式	现金	币别	人民币
含税标识（%）	17	本位币	人民币

表 10 – 13　销售合同单 6

销售员	gs0203	录入员	gs0203
合同编号	x2012 – 1206	客户合同号	xmjx001
订货单位	厦门机械总公司	收货单位	厦门机械总公司
付款单位	厦门机械总公司	客户签订人	王海
签订人	mone	签订日期	2012/12/18
付款条件	货到检验后付款	运费负担（元）	20
到货站	厦门	保险负担（元）	600
付款方式	现金	币别	人民币
含税标识（%）	17	本位币	人民币

表 10 – 14　销售合同单 7

销售员	gs0203	录入员	gs0203
合同编号	x2012 – 1207	客户合同号	xmjx001
订货单位	厦门机械总公司	收货单位	厦门机械总公司

续表

付款单位	厦门机械总公司	客户签订人	王海
签订人	mone	签订日期	2012/12/24
付款条件	货到检验后付款	运费负担（元）	20
到货站	厦门	保险负担（元）	600
付款方式	现金	币别	人民币
含税标识（%）	17	本位币	人民币

（二）合同项目维护

起始合同编号：x2012 - 1201。终止合同编号：x2012 - 1207。项目代码：jsj001。项目名称：减速机 001。单位：台。销售员/录入员代码：cyh。部门名称：01 总经理室。标准价格：400 元。税率：17%。

销售合同单见表 10 - 15。

表 10 - 15　销售合同单

需求日期	订货数量（台）	订货价格（元）	折扣（%）	货款（元）	税费（元）	总金额（元）	运输方式
2012/12/04	80	380	95	25982.91	4417.09	30400	S004
2012/12/06	150	380	95	48717.95	8282.05	57000	S004
2012/12/08	150	380	95	48717.95	8282.05	57000	S004
2012/12/10	30	400	100	10256.41	1743.59	12000	S004
2012/12/12	30	400	100	10256.41	1743.59	12000	S005
2012/12/18	30	400	100	10256.41	1743.59	12000	S005
2012/12/24	30	400	100	10256.41	1743.59	12000	S005

(三) 合同提货单录入

1. 主生产计划表

销售员/录入员代码：cyh。部门名称：01 总经理室。跟踪状态：完成。制单人：Lee。

提货单见表 10 – 16。

表 10 – 16 提货单

开票日期	提货单号	客户代码	客户名称	币别	汇率
2012/12/04	th20121201	kh0001	湖北汽车厂	人民币	1

2. 主生产计划明细表

项目代码：jsj001。项目名称：减速机 001。部门名称：01 总经理室。销售员/录入员代码：cyh。计量单位：台。标准价格：400 元。发货价格：380 元。

提货单细目见表 10 – 17。

表 10 – 17 提货单细目

合同编号	需求日期	折扣（%）	货款（元）	税费（元）	总金额（元）	发票/提货数量（台）
x2012 – 1201	2012/12/04	95	25982.91	4417.09	29100.85	80

(四) 合同发票维护

发票号：fp20100401。

销售合同发票见表 10 – 18。

表 10 – 18 销售合同发票

发票日期	客户代码	客户名称	发票货款（元）	发票税费（元）	发票总金额（元）
2012/12/04	kh0001	湖北汽车厂	25982.91	4417.09	30400

(五) 合同计划管理

(1) 制表时间：2012/12/05。制表编号：b001。

北京市减速机销售预测见表10-19。

表10-19　北京市减速机销售预测

序号	项目名称	项目代码	数量（台）	交接日期	地区名称
1	减速机001	jsj001	50	2013/01/10	北京市
2	减速机001	jsj001	50	2013/01/15	北京市

(2) 制表时间：2010/09/01。制表编号：b002。

河南省减速机销售预测见表10-20。

表10-20　河南省减速机销售预测

序号	项目名称	项目代码	数量（台）	交接日期	地区名称
1	减速机001	jsj001	40	2013/01/23	河南省
2	减速机001	jsj001	40	2013/01/28	河南省

第11章 主生产计划子系统的设计流程及数据定义

主生产计划子系统作为 ERP 软件计划体系的入口点，用以驱动计划的核心部分——物料需求计划的运行。主生产计划的准确性和可信度，直接影响生产计划的正确性，是工厂其他计划的基础。物料需求计划根据主生产计划需要的项目、库存状态和物料清单模拟未来状况和预测未来缺件情况，从而按零件的提前期和批量准则，编制所需零部件、原材料的采购计划，保证主生产计划的顺利实施。

使用主生产计划子系统，首先要制订一个切实可行的产品主生产计划；其次要根据产品主生产计划、物料库存量和物料定额消耗量，执行物料需求计划，计算确定原材料、零部件及产品的投入/产出日期（需求日期），从而得到原材料采购计划和自制件的生产计划。

一 基础数据准备

（一）主生产计划子系统的数据准备

编制主生产计划所需的默认参数，包括计划展望期、展望期开始日期、需求时间栏、确认计划时间栏和各时间段的需求代码。确定与其他子系统的接口、任务号生成方式,如果是两级主生产计划,还应维护计划物料清单。

(二) 其他子系统的数据准备

(1) 制造数据管理子系统:主生产计划子系统的运行,必须以制造数据管理子系统为基础,需要在制造数据管理子系统定义项目代码、项目类型、主生产计划项标志、展望期、需求时间栏、确认计划时间栏、各时间段的需求代码、可用量、提前期等数据。

(2) 销售管理子系统:提供合同号、项目代码等。

(3) 车间作业管理子系统:提供任务号、项目代码等。

二 主生产计划子系统的运行顺序

(1) 数据刷新。

(2) 计划参数缺省值和时间段的定义。

(3) 运行环境参数和任务号生成方式的定义。

(4) 生产预测的维护。

(5) 客户订单承诺的维护。

(6) 独立需求的维护。

(7) 计划物料清单的维护。

(8) 主生产计划生成。

(9) 主生产计划确认。

(10) 查询及报表打印。

三 基础数据定义

展望期为 100 天,展望期开始时间为 2012 年 12 月 1 日。在主生产计划子系统中查询,得到主生产计划运行时间段,见表 11-1。

表11-1　主生产计划运行时间段

序号	开始日期	结束日期
1	2012/12/01	2012/12/12
2	2012/12/13	2012/12/23
3	2012/12/24	2013/01/07
4	2013/01/08	2013/01/19
5	2013/01/20	2013/01/31
6	2013/02/01	2013/02/11
7	2013/02/12	2013/02/23
8	2013/02/24	2013/02/30
9	2013/03/01	2013/03/30
10	2013/04/01	2013/04/30

四　数据维护

(一) 生产预测维护

项目代码：jsj001。项目名称：减速机001。确认标识：Y。计量单位：台。

生产预测见表11-2。

表11-2　生产预测

预测号	需求日期	需求数量（台）
yc001	2013/01/10	50
yc002	2013/02/15	50
yc003	2013/03/23	40
yc004	2013/04/28	40

(二) 客户订单承诺

销售单位：台。单位转换系数：1。承诺标识：P。可选标识：N。

客户订单承诺见表 11 - 3。

表 11 - 3 客户订单承诺

客户订单号	项目代码	合同日期	合同数量（台）	承诺日期	承诺数量（台）
x2012 - 1202	jsj001	2012/12/06	150	2012/12/06	150
x2012 - 1203	jsj001	2012/12/08	150	2012/12/08	150
x2012 - 1204	jsj001	2012/12/10	30	2012/12/10	30
x2012 - 1205	jsj001	2012/12/12	30	2012/12/14	25
x2012 - 1206	jsj001	2012/12/18	30	2012/12/20	25
x2012 - 1207	jsj001	2012/12/24	30	2012/12/26	25

五 主生产计划查询

此次实验生成的主生产计划查询如下。项目代码：jsj001。项目名称：减速机001。可用库存：- 400 台。

（一）主生产计划表

主生产计划见表 1 - 4。

表 11 - 4 主生产计划

项目代码	周期号	开始日期	结束日期	计划量（台）
jsj001	1	2012/09/12	2012/12/01	360
jsj001	2	2012/09/23	2012/12/13	30
jsj001	3	2012/10/07	2012/12/24	30
jsj001	4	2012/10/09	2012/12/08	100
jsj001	5	2012/10/31	2012/12/20	80

（二）主生产计划明细表

主生产计划明细见表 11 – 5。

表 11 – 5　主生产计划明细

任务号	需求数量（台）	开始日期	完工日期	状态
12 – 00002	150	2012/12/25	2013/01/06	下达
12 – 00003	150	2012/12/27	2013/01/08	下达
12 – 00004	30	2013/01/30	2013/02/10	下达
12 – 00005	30	2013/03/31	2013/04/12	下达
12 – 00006	30	2012/12/08	2012/12/17	下达
12 – 00007	30	2012/12/13	2012/12/24	下达
12 – 00008	50	2012/11/26	2012/12/10	下达
12 – 00009	50	2013/01/04	2013/01/15	下达
12 – 00010	40	2013/01/11	2013/01/22	下达
12 – 00011	40	2013/01/17	2013/01/28	下达

第 12 章　物料需求计划子系统的设计流程

Chapter 12

　　物料需求计划子系统是 ERP 软件的重要组成部分，是企业三级计划体系的核心。它根据相关子系统的数据将主生产计划和独立需求分解成零部件的生产计划和采购计划。物料需求计划子系统将根据产品生产计划的数量、交货期和数据子系统提供的物料清单材料消耗定额，并考虑可用库存和已订购数量，科学合理地计算生产用料，最后得出采购什么、采购多少、何时订货的结论，计算方法采用国外通用的标准的 MRP 算法。物料需求计划根据主生产计划需要的项目、库存状态和物料清单模拟未来状况和预测未来缺件情况，从而按零件的提前期和批量准则编制所需零部件、原材料的采购计划，以保证主生产计划的顺利实施。

　　计算结果可查询也可打印输出。所提供的异常信息报告会把那些应该订货而未及时订货和漏订的项目列出来。系统提供每项原材料需求任务的反查功能。该功能对订货延误、漏订或拖期交货的项目进行反查，可查出受影响的直接父项和最上层的产品计划，以便计划人员及早地、有针对性地采取措施予以解决。

一 基础数据准备

(一) 物料需求计划子系统的数据准备

物料需求计划运行参数、时间段长度、物料需求计划展望期、低层代码。

(二) 其他子系统的数据准备

制造数据管理子系统的数据准备如下。

(1) 项目主文件:项目代码(材料、零件、产品)、提前期、批量标识、批量、项目类型、自制/采购标识、计量单位、责任车间、主生产计划标识、物料需求计划标识、计划/采购员标识、废品系数、取整倍数、安全库存、现有量、已分配量等。

(2) 物料清单文件:父项代码、子项代码、消耗系数、损耗系数、生效日期、失效日期。

(3) 主生产计划文件:项目代码、订单号、接收日期、开工日期、计划量、计划状态。

(4) 车间任务文件:任务号、项目代码、计划量、入库量、完工量、计划状态、计划完工日期等。

二 物料需求计划子系统的运行顺序

在使用物料需求计划子系统的过程中,应按下列顺序来运行。

(1) 计划参数定义。
(2) 运行环境设置。
(3) 独立需求维护。
(4) 低层代码生成。
(5) 物料需求计划生成。

三 基础数据定义

展望期为 100 天,展望期开始时间为 2012 年 12 月 1 日。在物料需求计划子系统中查询,得到物料需求计划运行时间段,见表 12 - 1。

表 12 - 1 物料需求计划运行时间段

序号	开始日期	结束日期
1	2012/12/01	2012/12/12
2	2012/12/13	2012/12/23
3	2012/12/24	2013/01/07
4	2013/01/08	2013/01/19
5	2013/01/20	2013/01/31
6	2013/02/01	2013/02/11
7	2013/02/12	2013/02/23
8	2013/02/24	2013/03/05
9	2013/03/06	2013/03/16
10	2013/03/17	2013/03/28

四 独立需求维护

独立需求见表 12 - 2。

表 12 - 2 独立需求

项目代码	独立需求号	需求日期	需求数量(台)
wlcd001 - 1	dl20121201	2012/12/21	20
wlzj001 - 1 - 1	dl20121202	2012/12/30	20

第 13 章　粗能力需求计划子系统的设计流程

粗能力需求计划子系统是为辅助企业对主生产计划进行全面有效的规划和控制而建立的。粗能力需求计划子系统可以根据主生产计划产生出一个切实可行的能力执行计划，在企业现有生产能力的基础上，及早发现能力的瓶颈，为完成企业的生产任务提供能力方面的保证。

粗能力需求计划子系统的主要功能是根据主生产计划对完成本期计划量所需的工作中心的设备、人力进行核算，提供各种查询手段，以便从不同角度了解主生产计划的合理性和瓶颈问题，及早发现问题并解决问题，保证生产的顺利进行。根据能力与负荷的对比分析，也就是能力与负荷的差，决定是调整生产计划还是调整能力。粗能力需求计划子系统主要核算的是设备或人力的资源，按工作时间（小时）的长短来计算。

人力不够，是否可以增加人员或加班？设备能力不足，是否可以调整设备（将一些工作中心的任务移到另外的工作中心完成）或加班？

一 基础数据准备

(一) 粗能力需求计划子系统的数据准备

(1) 内部代码:资源核算标识 – WC;系统内定该资源代表工作中心,该标识不可修改或删除,该标识所代表的资源核算单位为小时。

(2) 粗能力需求计划子系统中用到的代码。

(3) 资源需求计划子系统中用到的代码。

(二) 其他子系统的数据准备

1. 制造数据管理子系统的数据准备

(1) 项目主文件的数据准备。

(2) 工作中心文件的数据准备。

(3) 工艺路线文件的数据准备。

(4) 综合展开文件的数据准备。

(5) 工时汇总文件的数据准备。

2. 主生产计划订单文件的数据准备

在生成粗能力需求计划时,要依据主生产计划文件的数据,因此首先要准备好主生产计划文件的数据。

二 粗能力需求计划子系统的运行顺序

(1) 定义粗能力需求计划周期。

(2) 粗能力需求计划生成。

(2) 按需要进行各类查询。

第 14 章 细能力需求计划子系统的设计流程

细能力需求计划子系统通过对计划参数和时间段的维护，生成工序进度计划、日能力负荷计划、细能力需求计划。在生成细能力需求计划时，根据物料需求计划、工艺路线和工作中心、工厂日历数据产生能力计划，并考虑上期计划产生在制数据。细能力需求计划是指在闭环物料需求计划通过物料需求计划运算得出对各种物料的需求量后，计算各时段分配给工作中心的工作量，判断是否超出该工作中心的最大工作能力，并做出调整。细能力需求计划可用来检查物料需求计划的可行性，它根据物料需求计划、工厂生产能力进行能力模拟，同时根据各工作中心的能力负荷状况判断计划的可行性。细能力需求计划子系统能够帮助企业平衡需求和能力之间的关系，制订切实可行的生产计划，尽早发现生产活动的瓶颈，提出合理的解决方案，实现均衡生产与快捷生产。

细能力需求计划子系统根据物料需求计划的任务和车间在制任务编制细能力需求计划，分析各工作中心的能力及负荷分布情况，使决策人员尽早发现生产安排问题，以便采取相应措施及时调整生产任务，使任务安排更加合理、顺畅，充分利用资源，节约资金，创造更大的效益。

一 基础数据准备

（一）细能力需求计划子系统的数据准备

对于细能力需求计划时间段，在每次执行计划生成时，要修改计划开始日期。

（二）其他子系统的数据准备

（1）制造数据管理子系统：项目主文件、工艺路线文件、工作中心文件、部门文件、工厂日历。

（2）物料需求计划子系统：物料需求计划任务文件。

（3）车间任务管理子系统：车间任务详细文件。

二 细能力需求计划子系统的运行顺序

（1）运行计划参数及时间段维护。

（2）运行能力需求计划生成。

（3）计划查询，图形分析。

（一）细能力需求计划时间段维护

展望期为100天，时间段长度合计为50天。生成细能力需求计划时间段，见表14-1。

表14-1 细能力需求计划时间段

序号	开始日期	结束日期
1	2012/12/01	2012/12/12
2	2012/12/13	2012/12/23
3	2012/12/24	2013/01/07
4	2013/01/08	2013/01/19

(二) 计划查询

1. 能力需求计划查询

部门代码：c01。部门名称：装配车间。

能力需求计划见表14-2。

表14-2 能力需求计划

序号	工作中心代码	开始日期	结束日期	投入负荷(小时)	总负荷(小时)	期间能力(小时)	期间差额(小时)	超欠(%)
1	gzzx01	2012/12/01	2012/12/12	492.58	492.58	2520	2027.42	19.55
2	gzzx01	2012/12/13	2012/12/23	356.35	356.35	2520	2163.65	14.14
3	gzzx01	2012/12/24	2013/01/07	269.60	269.60	2520	2250.40	10.70
4	gzzx01	2012/01/08	2013/01/19	238.32	238.32	2520	2281.68	9.46
5	gzzx01	2013/01/20	2013/01/31	60.45	60.45	2520	2459.55	2.40
1	z201	2012/12/01	2012/12/12	28.87	28.87	80	51.13	36.09
2	z201	2012/12/13	2012/12/23	29.13	29.13	80	50.87	36.41
3	z201	2013/12/24	2013/01/07	0	0	80	80	0
4	z201	2013/01/08	2013/01/19	0	0	80	80	0
5	z201	2013/01/20	2013/01/31	0	0	80	80	0
1	zp01	2012/12/01	2012/12/12	6.83	6.83	80	73.17	8.54
2	zp01	2012/12/13	2012/12/23	13.50	13.50	80	66.50	16.88
3	zp01	2012/12/24	2013/01/07	10.83	10.83	80	69.17	13.54
4	zp01	2013/01/08	2013/01/19	0	0	80	80	0
5	zp01	2013/01/20	2013/01/31	0	0	80	80	0

2. 能力负荷分布

工作中心01的能力负荷见图14-1。

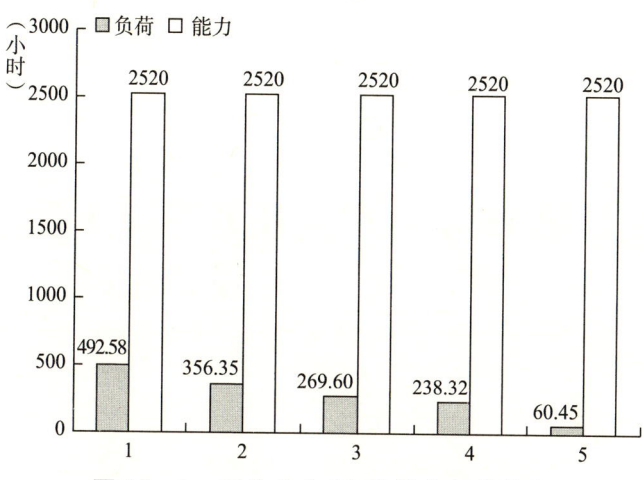

第 14 章 细能力需求计划子系统的设计流程

图 14-1 工作中心 01 的能力负荷分布

第15章 车间任务管理子系统的设计流程

根据物料需求计划进行原材料、工模具检查,确认任务下达,并对任务进行跟踪查询,确保任务按时完工。其中,车间任务管理是整个车间管理的源头,在使用过程中,可及早发现任务缺料问题,监控任务的执行情况,便于车间管理人员决策,以保证任务尽量按期完成。车间任务管理子系统的主要功能包括任务管理、物料检查、外协任务处理、任务下达等。

一 基础数据准备

(一) 车间任务管理子系统的数据准备

初次使用车间任务管理子系统时,用户必须将手工管理中正在执行和新增加的车间任务数据,通过车间任务维护的功能将数据输入计算机中。

(二) 其他子系统的数据准备

(1) 物料需求计划子系统:通过读取物料需求计划获得其下达给各车间的生产计划,确定车间各工作中心的任务计划。

(2) 库存管理子系统:通过访问库存总账获得物料的库

存状态，并在车间任务下达时维护库存已分配量、可用量。

（3）制造数据管理子系统：获得车间的基础数据。

二 车间任务管理子系统的运行顺序

（1）任务管理：物料需求计划任务查询、任务读入、临时任务录入/修改、任务综合查询、车间任务修改。

（2）物料检查：物料检查、物料替换、物料清单维护。

（3）外协处理：外协处理、外协维护。

（4）任务下达：任务下达、任务回收。

（5）任务分批：任务分批、物料拣选单。

三 数据处理权限定义

在"CYH"用户名下定义可使用的部门，见表15-1。

表 15-1 车间使用权限

序号	部门代码	部门名称
1	01	总经理室
2	2001	供应处
3	2002	销售处
4	2003	生产处
5	c01	装配车间
6	gzzx	工作中心01
7	z201	二车间
8	zp01	装配一车间

第16章　车间作业管理子系统的设计流程

车间作业管理子系统主要实现对车间作业的管理，包括车间作业计划的编制、作业进度计划的监控与调整、加工工艺的显示与维护、车间工作中心派工单的打印等。车间作业计划则是将物料需求计划中的自制件计划按工艺路线规则分解到各加工部门的工作中心（加工设备），形成工作中心的生产计划文件，使企业各部门合理安排生产资源，进行有条不紊的生产加工。

一　基础数据准备

（一）车间任务管理子系统的数据准备

车间任务数据包括任务号、项目号、计划开工日期、计划完工日期、计划量、车间代码。

（二）制造数据管理子系统的数据准备

车间的基础数据包括项目文件、部门文件、工厂日历文件、工艺路线文件、产品结构文件、工作中心文件、工序工具文件。

（1）工艺路线文件：项目代码、工序号、工作中心号、替代工作中心号、加工时间、交叉作业、定额单位、最小传送量、同时加工设备数、准备时间、传送时间、等待时间。

（2）工厂日历文件：日期、有效工作日。

（3）工作中心文件：工作中心号、车间号、每班时数、开动班次。

二　车间作业管理子系统的运行顺序

（1）工作中心生成。

（2）作业计划编制。

（3）作业计划调整。

（4）工艺路线维护。

（5）工作中心维护。

（6）作业计划编制。

（7）作业计划查询。

（8）优先级计算。

（9）加工路线单打印。

（10）车间派工单打印。

（11）进度调度报告。

（12）拖期任务报告。

（13）外协工票录入。

（14）工票过账。

（15）工序处理。

（16）任务完工确认。

（17）任务状态查询。

（18）各种状态统计，如废品统计。

三　作业计划编制

以 12 - 00002 号任务为例，编制作业计划如下。

项目代码：jsj001。工作中心：gzzx01。工作中心部门：c01。任务开始日期：2012/12/05。任务结束日期：2013/01/06。外协标识：非外协。计划数量：150 台。

作业计划编制见表 16 - 1。

表 16 - 1　作业计划编制

工序号	工序描述	起止标识	最早开工日期	最晚开工日期	最晚完工日期	计划工时（小时）
1	实现蜗轮组件	S	2012/12/02			50.18
2	实现蜗杆组件					50.18
3	将蜗杆组件装入下箱体					50.18
4	将蜗轮组件装入下箱体					50.18
5	紧固蜗杆的轴承盖					50.18
6	盖上上箱体，紧固蜗轮轴承盖					50.18
7	安装吊装环与通气帽				2012/12/02	50.18
8	质量检查	E		2012/12/02	2012/12/06	50.18

四　车间派工单

每次生成车间作业计划后，运行本功能模块。本功能模块还可提供车间派工单的打印功能。

第 17 章　ERP 数据库数据的备份

ERP 系统不仅是具有先进管理理念的管理系统，而且是先进的信息管理系统。数据库是 ERP 系统的核心内容，其性能和表现直接影响 ERP 系统的性能。本书中的 ERP 系统采用的是中型数据库 SQLserver，适用性较强，支持大型的分布式应用，其效率、稳定性、安全性、恢复性在应用中较好。此类数据库的优势也很明显，价格没有那么昂贵甚至是免费的，对硬件要求也不高，完全可以在 PC 机上运行，操作简单，建库、备份、还原都很容易，无须专业认证的人员。ERP 数据库的备份与还原是 ERP 系统安全性的重要保障。

一　ERP 数据库 SQLserver 备份数据库操作

步骤一　在操作系统中打开 SQLserver 数据库，鼠标右键点击 ERP 数据库名，如"lean_capms"，在弹出的菜单中选择"备份数据库"，见图 17-1。

图 17 - 1　备份数据库操作步骤一

步骤二　选择需保存备份数据库的路径，并在文件夹后输入备份数据库的文件名（可按日期来命名文件名），见图 17 - 2。

图 17 - 2　备份数据库操作步骤二

步骤三　完成步骤二后点击确定备份即可完成备份操作，见图 17 - 3。

第 17 章 ERP 数据库数据的备份 *159*

图 17-3 备份数据库操作步骤三

二 ERP 数据库 SQLserver 还原数据库操作

步骤一 在操作系统中打开 SQLserver 数据库，鼠标右键点击 ERP 数据库名，如"lean_capms"，在弹出的菜单中选择"还原数据库"，见图 17-4。

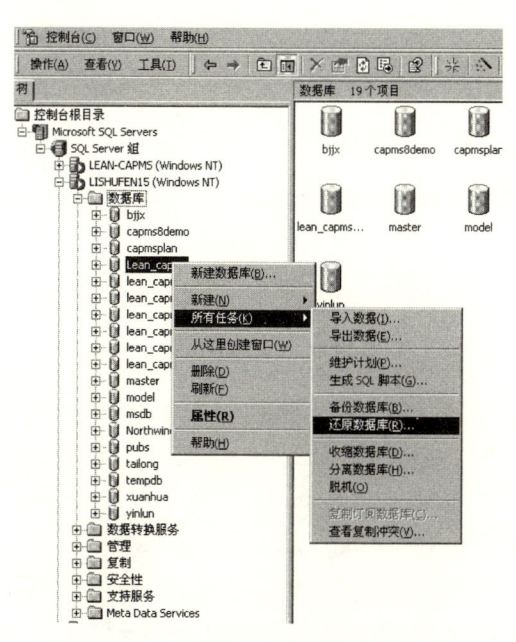

图 17-4 还原数据库操作步骤一

步骤二 在弹出的"还原数据库"界面选择"从设备",见图 17 – 5。

图 17 – 5 还原数据库操作步骤二

步骤三 点击"选择设备",然后点击"添加",见图 17 – 6。

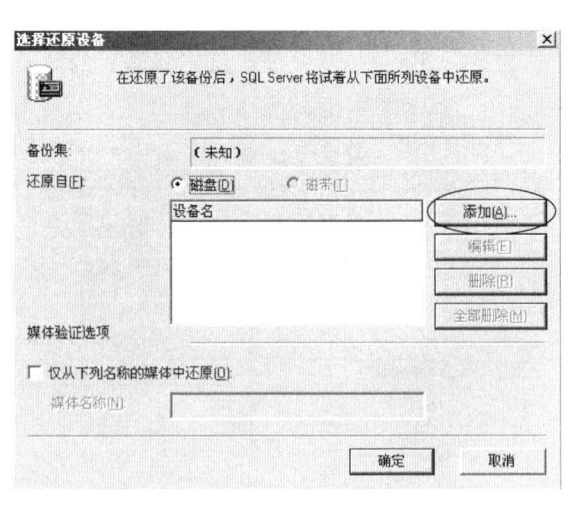

图 17 – 6 还原数据库操作步骤三

第 17 章　ERP 数据库数据的备份

步骤四　在弹出的"选择还原目的"界面，点击图 17-7 所示的按钮，寻找相应路径下的相应数据库（事先备份的数据库）。

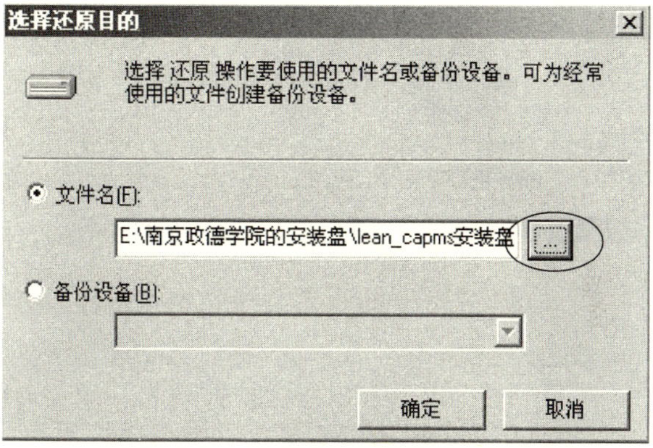

图 17-7　还原数据库操作步骤四

步骤五　找到相应的备份数据库的路径和名称后，点击"确定"，见图 17-8。

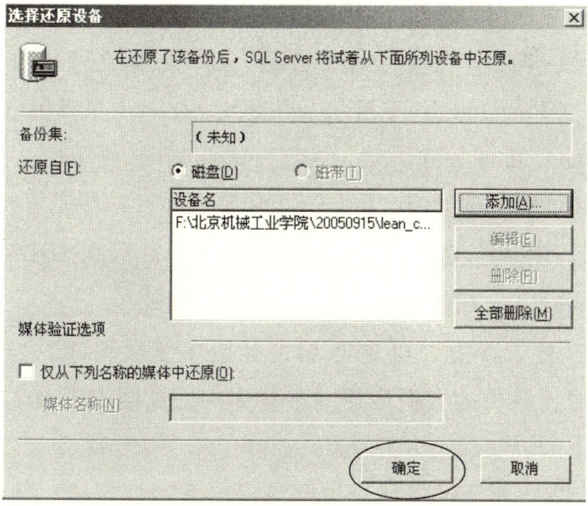

图 17-8　还原数据库操作步骤五

步骤六 点击页面上部的"选项"属性,选中"在现有数据库上强制还原",见图17-9。

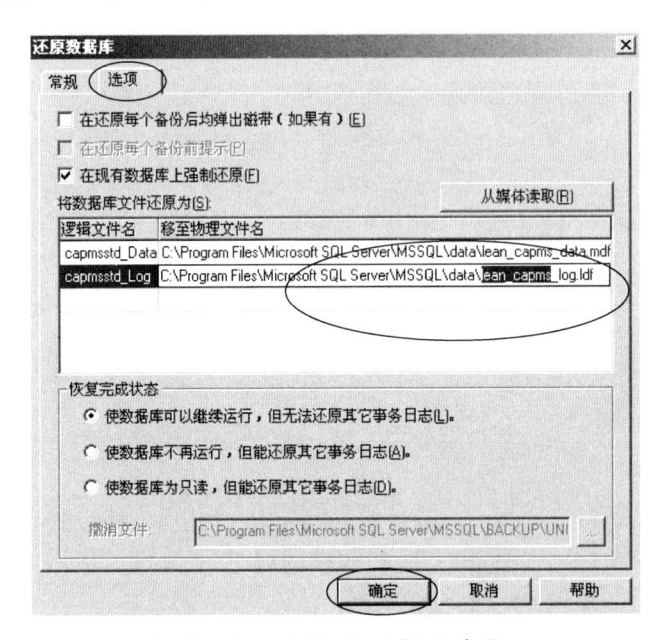

图17-9 还原数据库操作步骤六

注意:网格"移至物理文件名"处,数据文件名称应为:

C:\ProgramFiles\Microsoft SQL Server\MSSQL\data\lean_capms_data.mdf。

日志文件名称应为:

C:\ProgramFiles\MicrosoftSQL Server\MSSQL\data\lean_capms_log.ldf。

步骤七 点击"确定"后,开始恢复数据库。当出现进度显示时,备份的数据库成功恢复完毕,见图17-10。

图 17 – 10　还原数据库操作步骤七

第 18 章　ERP 软件应用与管理模拟任务

一　目的

在学生学习运营管理课程的基础上，为使学生加强对理论知识的理解，配合教学内容增设了实践教学环节。对与生产管理有关的 ERP 系统的认识与操作，能够使学生了解 ERP 系统的基本构成与操作方法，增强学生的计算机应用能力，培养学生分析问题与解决问题的能力，有利于理论教学内容的消化与吸收，并为学生今后从事实际工作打下一定的基础。

二　要求

通过实际操作应用，可以掌握以下系统功能。
(1) 掌握各类基础资料的项目定义。
(2) 熟悉库存、销售、物料供应等管理子系统的基本应用。
(3) 熟悉主生产计划与物料需求计划的展开。
(4) 生成采购计划报告、生产任务下达。
(5) 对物料需求计划生成的计划任务进行能力需求平衡。

三 进度安排

在 32 学时的时间内完成 ERP 系统有关生产管理的全部模块并完成相应的课程报告，需要一个合理的时间安排。具体进度安排见表 18-1。

表 18-1 进度安排

时间（学时）	内容	结果
6	基本理论介绍，实际拆装减速机，熟悉各零部件名称、配合关系和生产工艺	画出物料清单图，熟悉工艺过程
8	完成系统管理子系统和制造数据管理子系统	完成项目定义、物料清单定义，得出零部件物料清单表，生成工厂日历
8	完成物料供应管理子系统、销售管理子系统、库存管理子系统	维护供应商和客户信息，填写采购入库单和销售出库单，生成库存总账与流水账查询
4	运行物料需求计划管理子系统与主生产计划管理子系统	生成主生产计划查询，形成物料需求计划报告、物料采购计划报告
2	维护粗/细能力需求计划子系统	生成能力需求查询和能力负荷分布图
2	运行车间作业管理子系统，下达车间任务	下达生产任务
2	对全过程进行检测，完成课程设计报告，并答辩考试	检测各系统运转是否正常，打印课程设计报告

（1）第一周：实际动手拆装蜗轮蜗杆减速机，熟悉各零部件名称、配合关系和生产工艺，并根据实验任务书完成系统

管理子系统与制造数据管理子系统。这两个子系统是 ERP 系统运行的基础，其定义的正确与否关系到主生产计划子系统与物料需求管理子系统能否正常运行，进而关系到车间任务与作业计划的安排是否合理。

（2）第二周：完成物料供应管理子系统、销售管理子系统、库存管理子系统、主生产计划子系统、物料需求计划子系统；维护粗/细能力需求计划子系统；运行车间任务管理子系统，对车间下达生产任务。

四　基础数据的采集

以蜗轮蜗杆减速机的生产运行状况为例，设计开发一个验证利玛 ERP 软件系统流程与业务应用的教学方案。该过程包括两部分内容。

（一）拆装零部件

通过拆装减速机，得出产品的生产工艺。蜗轮蜗杆减速机装配过程步骤如下。

（1）首先，将键装入蜗轮轴的键槽内，并将蜗轮敲进蜗轮轴指定位置，左端顶紧轴肩。其次，将轴套从蜗轮轴的右端装入，左端顶紧轮毂。最后，将一对圆锥滚子轴承敲入蜗轮轴的两侧，实现蜗轮组件。总过程大约需要 15 分钟。

（2）将一对圆锥滚子轴承敲入蜗轮杆两侧，实现蜗杆组件。总过程大约需要 10 分钟。

（3）从右向左将蜗杆组件装入下箱体，同时将蜗杆轴承上的套杯按圆锥滚子轴承锥度方向敲入下箱体，以实现蜗杆轴的径向定位。轴在箱体内应能自由转动。总过程大约需要 15 分钟。

（4）将蜗轮组件装入下箱体，使蜗轮轴与蜗杆轴呈垂直方向。将蜗轮轴承上的套杯按其轴承锥度方向敲入下箱体,实现蜗轮轴的径向定位。当用手转动减速机蜗杆轴时,蜗轮与蜗杆传动得以实现。总过程大约需要 15 分钟。

(5) 将下箱体蜗杆组件两端装上密封垫片,并用螺栓紧固轴承盖。总过程大约需要 5 分钟。

(6) 盖上上箱体,用套有弹簧开口垫圈的螺栓紧固上下箱体。将蜗轮组件两端装上密封垫片,并用螺栓紧固轴承盖。总过程大约需要 5 分钟。

(7) 将吊装环紧固在上箱体上,然后拧紧通气帽。总过程大约需要 5 分钟。

(8) 进行质量检验。总过程大约需要 20 分钟。

蜗轮蜗杆减速机装配过程中应注意以下几点。

(1) 装配好的减速机蜗轮与蜗杆之间应能实现自由传动,不允许有卡住或夹有杂物的现象。

(2) 蜗轮传动的轮齿与箱体端面之间应保证有 0.4 ± 0.3 毫米的间隙。

(3) 箱体内的机油应完全没过蜗杆组件,并至少没过蜗轮轮齿的 1/3。

(二) 得出零部件结构表

根据减速机拆装步骤得出零部件结构表,见表 12-2。

表 18-2　蜗轮蜗杆减速机零部件结构

部件名称	组件名称	零件名称	数量(件)	物料类别	材料
		上箱体 (skt)	1	采购	HT200
		下箱体 (xkt)	1	采购	HT200

续表

部件名称	组件名称	零件名称	数量（件）	物料类别	材料
蜗轮传动（wlcd）	蜗轮组件（wlzj）	轴（z）	1	采购	Q235
		键（j）	2	采购	45#
		轴套（zt）	1	采购	Q235
		轮缘（ly）	1	采购	ZCnSn10Pb1
		轮毂（lg）	1	采购	HT200
		轴承7206E（zc7206e）	2	采购	Q235
	蜗杆组件（wgzj）	蜗杆轴（wgz）	1	采购	45#
		键（jj）	2	采购	45#
		轴承3020S（zc3020s）	2	采购	Q235
		带孔轴承盖（dkzcg）	2	采购	HT200
		无孔轴承盖（wkzcg）	2	采购	HT200
		密封垫片（mfdp）	4	采购	橡胶
		弹簧垫圈（thdq）	6	采购	75#
		螺栓/M10×30（ls/M10×30）	6	采购	Q235
		螺栓/M10×25（ls/M10×25）	17	采购	Q235
		吊装环（dzh）	1	采购	HT200
		通气帽（ykm）	1	采购	塑料

五　生产任务数据

生产任务主要来自销售合同与订单、生产预测以及采购合同，具体包括以下内容。

（一）销售合同与订单

（1）该企业于 2015 年 3 月 6 日、8 日分别与洛阳机车厂签订合同销售减速机 450 台。

（2）2015 年 9 月 4 日按已签订的合同交货 560 台。

（3）2015 年 9 月 10 日与北京车床厂签订合同销售减速机 830 台。

（4）厦门机械总公司订单承诺于 2015 年 9 月 12 日、11 月 18 日、11 月 24 日分别需要减速机 630 台。

（二）生产预测

（1）生产预测 2015 年 9 月 10 日、11 月 15 日分别需要减速机 1000 台。

（2）生产预测 2015 年 9 月 23 日、28 日分别需要减速机 1080 台。

（三）采购合同

预计 2015 年 9 月 2 日从江苏电机厂收到带孔轴承盖、无孔轴承盖、弹簧垫圈、密封垫片各 3000 件。

在系统模拟的工厂日历设定中，除国家法定节假日休息外，星期日为非工作日。

根据上述条件，按 ERP 流程安排该企业减速机 2 个月的生产作业计划、采购计划、生产派工单，并对销售、库存、采购管理子系统进行日常维护。

值得注意的是，其他采购、销售任务可以自己添加。

六 库存系统维护

在保证生产正常进行的同时，需要对库存管理子系统进行维护，本设计中要求对进出库单、库存总账等进行维护，每项业务至少要完成两笔。

七 考核

(一) 考核内容

(1) 过程评价。过程评价占30%，包括出勤、设计任务完成进度、完成任务符合标准情况。

(2) 结果评价。结果评价占70%，评价标准为：按设计任务要求，完成主生产计划和采购计划，即可得到60~70分，否则为不及格；进一步完成生产作业计划，成绩为70~80分；若库存管理等子系统运行也无差错，成绩为80~90分；全部完成各子系统业务功能，而且能生成车间任务派工单，成绩为90~100分。

(二) 考核方式

(1) 答辩。每位学生应在自己的计算机上完成指导老师布置的任务，并回答相关问题。指导老师根据学生答辩情况确定其成绩。

(2) 课程报告。每位学生应在课程结束后答辩时提交课程报告。报告要求用A4纸打印，字数不少于5000字，要有反映设计成果的必要图表，格式规范。

参考文献

[1] 刘鹏、刘亚彬、杜梅先、韩冬梅、李艳红编《管理信息系统》，武汉大学出版社，2004。

[2] 常广蔗、盛吉虎：《信息系统规划与企业电子商务》，西北工业大学出版社，2006。

[3] 苟娟琼、常丹：《ERP原理与实践》，清华大学出版社，2005。

[4] 王学东：《电子商务管理》，高等教育出版社，2005。

[5] 郑宽明、何宁编《企业资源计划理论与实践》，科学出版社，2004。

[6] 罗超理、李万红：《管理信息系统原理与应用》，清华大学出版社，2002。

[7] 周玉清、刘伯莹、周强：《ERP与企业管理理论、方法、系统》，清华大学出版社，2005。

[8] 马士华、林勇：《企业生产与物流管理》，清华大学出版社，2009。

[9] 马士华、崔南方、周水银、林勇：《生产运作管理》，科学出版社，2005。

[10] 王隆太:《现代制造技术》,机械工业出版社,1998。

[11] 黄尹国、吴曙光、刘国威:《生产库存管理新方法——MRP》,机械工业出版社,1987。

[12] 丁文英、冯爱兰、赵宁:《现代生产管理》,冶金工业出版社,2008。

[13] 丁振凡、李卓群:《电子商务物流管理》,中国铁道出版社,2009。

[14] 孙福权、王晓煜、吴迪:《企业资源计划(ERP)》,中国铁道出版社,2011。

[15] 吴锡英、周伯鑫:《计算机集成制造技术》,机械工业出版社,1996。

[16] 利玛信息技术有限公司:《利玛ERP管理系统使用说明》,2002。

图书在版编目(CIP)数据

ERP 软件应用与管理模拟 / 曲立，陈元凤编著. -- 北京：社会科学文献出版社，2017.6
ISBN 978-7-5201-0641-2

Ⅰ.①E… Ⅱ.①曲… ②陈… Ⅲ.①企业管理 - 计算机管理系统 Ⅳ.①F272.7

中国版本图书馆 CIP 数据核字（2017）第 074707 号

ERP 软件应用与管理模拟

编　　著 / 曲　立　陈元凤

出 版 人 / 谢寿光
项目统筹 / 周　丽　冯咏梅
责任编辑 / 冯咏梅

出　　版 / 社会科学文献出版社·经济与管理分社（010）59367226
　　　　　　地址：北京市北三环中路甲 29 号院华龙大厦　邮编：100029
　　　　　　网址：www.ssap.com.cn
发　　行 / 市场营销中心（010）59367081　59367018
印　　装 / 三河市尚艺印装有限公司

规　　格 / 开　本：787mm×1092mm　1/16
　　　　　　印　张：11.75　字　数：142 千字
版　　次 / 2017 年 6 月第 1 版　2017 年 6 月第 1 次印刷
书　　号 / ISBN 978-7-5201-0641-2
定　　价 / 69.00 元

本书如有印装质量问题，请与读者服务中心（010-59367028）联系

▲ 版权所有 翻印必究